1kg
Rhubarbe
France

Café

BOULANGERIE EPICERIE

PAIN
DE
LUXE

MIAS SÜSSES FRANKREICH

Mia Öhrn

Fotos von Ulrika Ekblom

Jan Thorbecke Verlag

INHALT

Seite 106
Campagne
SEITE 8
BOULANGERIE
PATISSERIE
SEITE
30
BISTRO
SEITE
80

Salut!

Meine Liebe zu Frankreich wurde früh geweckt. Auf dem Bild in der Mitte sehen Sie mich 1982, als ich zwei Jahre alt war, zusammen mit meiner Mutter in Arès bei Bordeaux. Dort verbrachten wir in meiner Kindheit jeden Sommer ein paar Wochen. Wir badeten, aßen Eis und Madeleines und kauften Baguettes in der Bäckerei um die Ecke. Seitdem reise ich so oft es geht nach Frankreich. Meinen 30. Geburtstag habe ich in Paris gefeiert, und in dieselbe Stadt führte ein gutes Jahr später die Hochzeitsreise mit meinem frisch gebackenen Ehemann Erik. Vorigen Herbst fuhren wir mit unserem Sohn Nisse nach Lyon, um gründliche Recherche für dieses Buch zu betreiben. Wir aßen morgens, mittags und abends Gebäck, und dazwischen auch!

Wenn Sie wüssten, wie viel ich über die Rezepte in diesem Buch geflucht habe! Aber das ist ja der Sinn der Sache, dass Dinge misslingen, ich fluche und es noch einmal versuche, damit Ihnen dann meine Rezepte gelingen. Manche französische Rezepte sind ziemlich kompliziert, und nur wenige Franzosen würden auf die Idee kommen, sich zu Hause hinzustellen und Croissants, Éclairs oder Millefeuilles zu backen – so etwas kauft man in der nächsten Bäckerei oder Konditorei, und genau deshalb gibt dort an jeder Straßenecke Pâtisserien und Boulangerien. So gut haben wir es nicht, und darum wollte ich dieses Buch machen: um all die fantastischen Rezepte zugänglich zu machen, damit Sie zu Hause französisch backen können. Ich habe mein Bestes getan, die Rezepte so zu vereinfachen und anzupassen, dass sie auch bei uns funktionieren, ohne dabei Abstriche bei der Qualität zu machen.

Bon appétit!

ARTÔ

BOULANGERIE

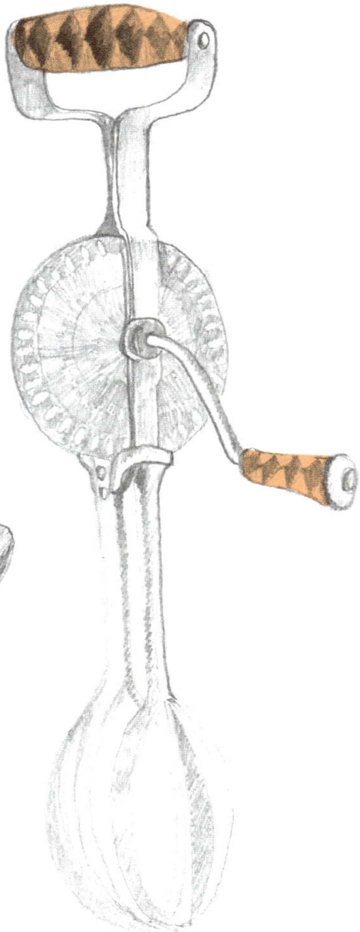

Madeleines

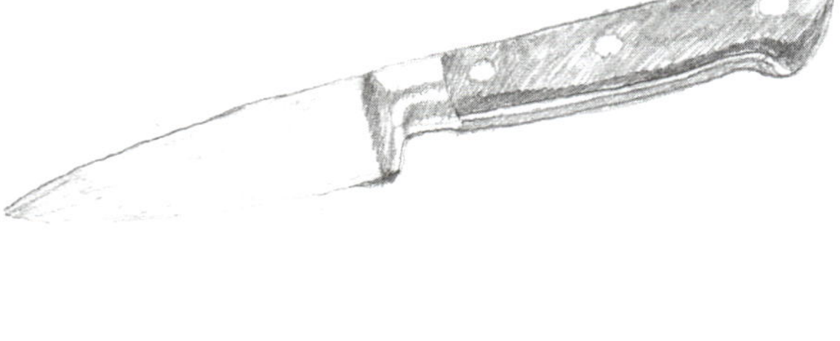

Pâte feuilletée
Brioche
Chaussons aux pommes

PÂTE FEUILLETÉE

BLÄTTERTEIG

Blätterteig ist die Grundlage für viel französisches Gebäck – Chaussons aux Pommes, Millefeuille, Pithiviers und einer Reihe anderer Leckerbissen.

Ich kaufe oft fertigen Blätterteig, wenn ich es nicht schaffe, selbst welchen zu machen, aber leider ist es nicht so einfach, Blätterteig zu finden, der Butter und kein pflanzliches Fett beinhaltet. Machen Sie ihn also am besten selbst, wenn Sie Zeit und Geduld haben. Das Rezept habe ich von Jan Hedh, einer nie versiegenden Quelle an Wissen und Inspiration rund ums Backen.

500 g Weizenmehl Type 550
500 g kalte Butter
200 ml kaltes Wasser
2 Eigelb
2 TL Weißweinessig oder frisch gepresster Zitronensaft
2 TL Salz, am besten Fleur de Sel

1. Das Mehl auf die Arbeitsfläche sieben und zu einem Ring formen.
2. 150 g Butter schmelzen, in die Mitte des Ringes gießen und rasch etwas mit dem Mehl verkneten.
3. Das Wasser, die Eigelbe, den Essig oder Zitronensaft und das Salz zufügen. Zu einem ziemlich festen Teig verarbeiten, aber nicht zu lange kneten, der Teig soll nicht elastisch werden. In Frischhaltefolie einwickeln und im Kühlschrank 2 Stunden ruhen lassen.
4. Den Rest der kalten Butter zu einer flachen Platte klopfen (ca. 16 x 16 cm und 1 cm dick).
5. Den Teig auf die Arbeitsfläche legen, etwas flach drücken und kreuzweise einschneiden. Die vier Teigecken auseinanderziehen und auf der leicht bemehlten Arbeitsfläche ausrollen, bis die Teigplatte ca. 30 x 30 cm groß ist. Die Butterplatte in die Mitte des Teiges legen und die Ecken darüberfalten. Die Butter gut in den Teig einschlagen.
6. Den Teig auf der leicht bemehlten Arbeitsfläche zu einer Größe von ca. 50 x 30 cm ausrollen. Das Mehl von der Oberfläche des Teiges bürsten und den Teig dreifach zusammenfalten. Noch einmal zu einer Größe von 50 x 30 cm ausrollen und dreifach falten. Im Kühlschrank 1 Stunde ruhen lassen.
7. Erneut jeweils zweimal ausrollen und dreifach falten. Eine weitere Stunde im Kühlschrank ruhen lassen.
8. Wieder jeweils zweimal ausrollen und dreifach falten. Mindestens 1 Stunde im Kühlschrank ruhen lassen. Jetzt ist der Blätterteig fertig und man muss ihn nur noch ausrollen, je nachdem, was man backen will!

TIPPS

- Das Ausrollen geht leichter mit einer ziemlich großen und schweren Teigrolle.
- Nur waagerecht und senkrecht rollen, nicht schräg.
- Der Teig kann in Frischhaltefolie eingewickelt ein paar Tage im Kühlschrank verwahrt werden. Man kann ihn auch ausgerollt und in Frischhaltefolie eingewickelt einfrieren. Im Kühlschrank langsam auftauen lassen.

Den Teig bis zur Hälfte kreuzweise einschneiden.

Die Butter wie ein Päckchen mit dem Teig einschlagen.

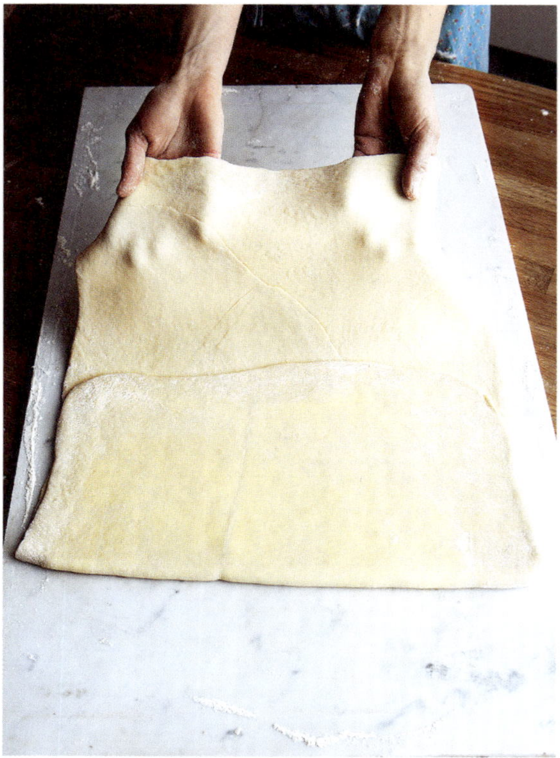

Den Teig dreifach falten.

Den Teig um 90 ° drehen und noch einmal ausrollen.

CHAUSSONS AUX POMMES

APFELTASCHEN

Knusprige Taschen, gefüllt mit süßsäuerlichem Apfelkompott. Ich habe meine Chaussons auf dem Foto aus selbstgemachtem Blätterteig gemacht, aber das erfordert sowohl Zeit als auch Geduld, wenn Sie also wollen, können Sie natürlich auch gekauften verwenden. Dann kann es sein, dass Sie ihn noch ein bisschen mehr ausrollen und evtl. etwas kleinere Kreise ausstechen müssen.

Ca. 6 Stück

1 Stück selbstgemachter Blätterteig, ca. 35 x 35 cm groß und 3 mm dick, oder gekaufter Blätterteig

Apfelkompott

3 mittelgroße Äpfel
40 g Zucker
50 ml Wasser

Eiermasse zum Bestreichen

1 Ei
1 Msp. Salz
2 TL Wasser

Zuckerwasser

50 ml Wasser
60 g Zucker

1. **Apfelkompott**: Die Äpfel schälen, entkernen und würfeln. Die Hälfte der Apfelwürfel zusammen mit dem Zucker und dem Wasser bei schwacher Hitze ca. 10 Minuten kochen. Den Rest der Apfelwürfel zufügen und weitere 5 Minuten kochen. Abkühlen lassen.
2. Aus dem Blätterteig mit einem scharfen kleinen Messer Kreise ausschneiden. Die Kreise sollten ca. 12 cm Durchmesser haben, am besten eine Schüssel oder Untertasse als Schablone benutzen.
3. **Eiermasse:** Das Ei, das Salz und das Wasser miteinander verquirlen. Die Hälfte des Randes der Kreise mit Ei bestreichen, damit sie besser zusammenhalten, wenn man sie faltet.
4. Einen Klecks Apfelkompott auf die Kreise legen, diese zusammenfalten und am Rand fest zusammendrücken. Es wird nicht das ganze Apfelkompott verbraucht.
5. Die Gebäckstücke auf ein Brett mit Backpapier legen und dünn mit der Eiermasse bestreichen. Mit einem kleinen Messer nach Lust und Laune Muster in die Oberfläche der Taschen ritzen, aber nicht zu tief, sonst läuft das Apfelkompott aus. Im Kühlschrank 1 Stunde ruhen lassen.
6. **Zuckerwasser:** Währenddessen den Zucker und das Wasser ein paar Minuten kochen und dann abkühlen lassen.
7. Die Apfeltaschen auf ein Blech mit Backpapier legen. Noch einmal dünn mit Ei bestreichen und dann in der Mitte das Ofens bei 225 °C backen. Bei Ober-/Unterhitze brauchen sie ca. 25 Minuten, bei Heißluft ca. 15 Minuten. Die Apfeltaschen sollen gut Farbe bekommen. Mit dem Zuckerwasser bestreichen und etwas abkühlen lassen.

BRIOCHE

FRANZÖSISCHE HEFEBRÖTCHEN

Brioches sind französische Hefebrötchen, die viel Butter und Ei beinhalten. Meine Variante ist einfach und vergoldet jedes Wochenendfrühstück.

Die knubbeligen kleinen Brioches sind perfekt für ein luxuriöses Frühstück oder einfach zu einer Tasse Kaffee. Mit einem Brioche-Laib kann man alles Mögliche machen: ihn frisch gebacken in Scheiben mit Butter und ein paar Salzflocken servieren, geröstet mit Marmelade, als Vorspeise zusammen mit Entenleber oder als Briocheauflauf wie auf Seite 109.

1 Laib und ca. 15 kleinere Brötchen

25 g Hefe
150 ml Vollmilch
3 Eier
570 g Weizenmehl
40 g Zucker
½ TL Salz
200 g zimmerwarme Butter
Butter für die Formen
1 Ei zum Bestreichen

1. Die Hefe in eine Schüssel bröckeln, die kalte Milch darübergießen und die Hefe auflösen.
2. Die Eier, die trockenen Zutaten und die weiche Butter in Flocken dazugeben.
3. Zu einem Teig verarbeiten und gut kneten, am besten 5–10 Minuten in der Küchenmaschine oder von Hand. Den Teig zugedeckt ca. 50 Minuten gehen lassen.
4. **Brioche-Laib:** Eine Kastenform mit ca. 1 l Fassungsvermögen einfetten. Die Hälfte des Teigs zu einem Laib formen und in die Form legen. Bedeckt ca. 45 Minuten gehen lassen.
5. **Brioche-Brötchen:** Kleine gerillte Förmchen mit etwas Butter einfetten. Den restlichen Teig in Stücke schneiden, zu ungefähr golfballgroßen Brötchen rollen und in die Formen legen. Ein Stück Teig zu kleinen Kugeln rollen (ungefähr in der Größe von Murmeln), eine Vertiefung in die Brötchen drücken und die kleinen Kugeln hineindrücken. Gut festdrücken und evtl. mit etwas verquirltem Ei festkleben, sodass sie während des Backens nicht herausspringen. Bedeckt ca. 45 Minuten gehen lassen.
6. Die Brioches mit etwas verquirltem Ei bestreichen und die kleinen Brötchen im unteren Teil des Ofens bei 225 °C 8–10 Minuten backen. Den Laib im unteren Teil des Ofens bei 200 °C ca. 35 Minuten backen. Mit Backpapier bedecken, falls sie oben zu dunkel werden.

CROISSANTS

CROISSANTS

Croissants zu backen erfordert etwas Zeit und Mühe, aber welch ein luxuriöses und befriedigendes Gefühl, wenn sie fertig sind! Das Ausrollen ist ziemlich mühsam, wird aber einfacher, wenn Sie eine große, ziemlich schwere Teigrolle haben. Ich verwende gesalzene Butter zum Ausrollen, aber viele ziehen ungesalzene vor. Croissants schmecken frisch gebacken am besten, aber wenn Sie nicht alle auf einmal essen wollen, können Sie sie bis zu Schritt 12 vorbereiten und dann bis zu einer Woche einfrieren. Im Kühlschrank über Nacht auftauen und dann bei Zimmertemperatur gehen lassen.

Um zu sehen, wie man ein Kreuz in den Teig schneidet, ihn dreifach faltet und ausrollt, siehe Schritt-für-Schritt-Bilder für Blätterteig auf Seite 11.

Ca. 16 Stück

125 ml kaltes Wasser
150 ml Vollmilch
20 g Hefe
500 g Weizenmehl Type 550
40 g Zucker
1 ½ TL Salz
300 g kalte Butter zum Ausrollen
1 Ei zum Bestreichen

1. Tag 1: Das Wasser und die Milch in einer Rührschüssel vermengen. Die Hefe zufügen und alles verrühren.
2. Das Mehl, den Zucker und das Salz zufügen und alles zu einem Teig verarbeiten. Den festen Teig von Hand oder in einer Küchenmaschine ca. 10 Minuten kneten. Den Teig in eine leicht eingeölte Schüssel geben, bedecken und bei Zimmertemperatur ca. 2 Stunden gehen lassen.
3. Den Teig in der Schüssel zusammendrücken und über Nacht ca. 8–12 Stunden im Kühlschrank stehen lassen. Am besten nach 1 Stunde noch einmal nachsehen und wieder zusammendrücken, wenn er aufgegangen ist.
4. Tag 2: Die kalte Butter in dicke Scheiben schneiden und eine Teigrolle daraufschlagen, um sie etwas weicher zu machen. Die Butter sollte ungefähr die gleiche Konsistenz haben wie der Teig und zu einem ca. 5 mm dicken Quadrat geformt werden.
5. Den Teig auf die Arbeitsfläche legen, etwas flach drücken und kreuzweise einschneiden. Die vier Teigecken auseinanderziehen und auf der leicht bemehlten Arbeitsfläche ausrollen, bis die Teigplatte ca. 30 x 30 cm groß ist.
6. Die Butterplatte in die Mitte des Teiges legen und die vier Ecken darüberfalten. Die Butter muss ganz bedeckt sein.
7. Den Teig auf einer leicht bemehlten Fläche zu einem 40 x 70 cm großen Rechteck ausrollen. Mit einem Meterstab oder einem Lineal ausmessen.
8. Das Mehl von der Oberfläche des Teiges bürsten und den Teig dreifach zusammenfalten. In Frischhaltefolie einschlagen und im Kühlschrank 30 Minuten ruhen lassen.
9. Den Teig erneut zu einer Größe von 40 x 70 cm ausrollen und dreifach zusammenfalten. Im Kühlschrank 30 Minuten ruhen lassen.

Dann ein weiteres Mal ausrollen, zusammenfalten und im Kühlschrank 30 Minuten ruhen lassen.

10. Den Teig wieder zu ca. 40 x 70 cm ausrollen. Er sollte ca. 2–3 mm dick sein. Die Ränder mit einem scharfen Messer abschneiden.
11. Dreiecke mit einer Basis von ca. 13 cm ausschneiden. Die Dreiecke evtl. auf ein leicht bemehltes Brett legen, mit Frischhaltefolie bedecken und 20–30 Minuten in den Kühlschrank stellen, damit sie sich leichter zusammenrollen lassen. Wenn sie sich schon fest und gut anfühlen, kann man sie sofort zusammenrollen.
12. Die Croissants zusammenrollen und in gleichmäßigen Abständen auf drei Bleche mit Backpapier legen. Die Spitzen sollten dabei unten liegen.
13. Die Croissants mit etwas verquirltem Ei bestreichen, dabei die Schnittflächen frei lassen, damit sie nicht zusammenkleben statt schön aufzugehen. Etwas Ei unter den Zipfel streichen und andrücken, damit er sich im Ofen nicht ablöst. Bei Zimmertemperatur 1 ½–2 Stunden gehen lassen.
14. Die Croissants in der Mitte des Ofens bei 225 °C oder 175–200 °C Heißluft 12–15 Minuten goldbraun backen.

Den Teig in Dreiecke schneiden und zusammenrollen.

TIPPS

- Das Ausrollen ist leichter, wenn Sie eine ziemlich große und schwere Teigrolle haben.
- Nur waagerecht und senkrecht rollen, nicht schräg.
- In einer kühlen Küche mit kalten Zutaten ist es einfacher, schöne und knusprige Croissants zu backen. Probieren Sie das Rezept nicht an einem heißen Sommertag zum ersten Mal aus.

PAINS AU CHOCOLAT

SCHOKOLADENBRÖTCHEN

Genauso luxuriös, knusprig und herrlich wie Croissants, aber zusätzlich mit Schokolade!

Um zu sehen, wie man ein Kreuz in den Teig schneidet, ihn dreifach faltet und ausrollt, siehe Schritt-für-Schritt-Bilder für Blätterteig auf Seite 11.

Ca. 16 Stück

1 Satz Teig für Croissants (S. 16)
300 g dunkle Schokolade
1 Ei zum Bestreichen

1. Schritt 1–10 des Rezepts für Croissants folgen.
2. Die Schokolade in ca. 8 cm lange und 5 cm breite Stangen schneiden.
3. Den Teig in ca. 8 cm breite Streifen schneiden. Die Streifen sollten ungefähr so breit wie die Länge der Schokoladenstangen sein.
4. Eine Schokoladenstange ca. 2 cm innerhalb des Teigstreifenrands legen. Den Teig darüber falten, sodass die Schokoladenstange bedeckt wird. Eine weitere Schokoladenstange auf den darübergefalteten Teig legen, aber nicht auf die untere Schokoladenstange. Zusammenrollen und die Teigrolle vom Teigstreifen abschneiden. Dieselbe Prozedur mit dem Rest des Teiges wiederholen und die Pains au Chocolat in gleichmäßigen Abständen auf Bleche mit Backpapier legen.
5. Die Gebäckstücke dünn mit verquirltem Ei bestreichen. Auch etwas in die Fuge unter dem Gebäck streichen und zudrücken, sodass sie sich im Ofen nicht löst. Bei Zimmertemperatur 1 ½–2 Stunden gehen lassen.
6. In der Mitte des Ofens bei 225 °C oder bei 175–200 °C Heißluft 12–15 Minuten goldbraun backen. Am besten am selben Tag essen.

CROISSANTS AUX AMANDES

MANDELCROISSANTS

Croissants aux amandes werden aus Croissants vom Vortag gemacht, die mit Mandelcreme gefüllt und dann im Ofen gebacken werden. Ich habe die Mandeln selbst überbrüht und geschält, aber man kann auch fertig geschälte Mandeln, ungeschälte Mandeln oder gemahlene Mandeln verwenden, so genanntes Mandelmehl. Nehmen sie einfach das erstbeste Mandelprodukt, das Sie bekommen!

Für 6 Croissants

Zuckerwasser

2 EL Zucker
200 ml Wasser

Mandelcreme

100 g Mandeln, überbrüht und geschält
85 g Zucker
knapp ¼ TL Salz
100 g zimmerwarme Butter
2 Eier

Ausserdem

6 Croissants vom Vortag
Mandelblättchen
Puderzucker

1. Den Ofen auf 175 °C vorheizen.
2. **Zuckerwasser:** Das Wasser und den Zucker aufkochen und ca. 1 Minute kochen lassen. Abkühlen lassen.
3. **Mandelcreme:** Die Mandeln, den Zucker und das Salz in einer Küchenmaschine mixen. Die Butter dazugeben und weitermixen. Die Eier nacheinander zufügen und alles zu einer Creme zusammenmixen.
4. Die Croissants halbieren und die Hälften in das Zuckerwasser tunken. Etwas abtropfen lassen.
5. Die Croissants auf ein Blech mit Backpapier legen. Etwas Mandelcreme auf den unteren Teil jedes Croissants streichen oder spritzen. Das Oberteil darauflegen und eine ziemlich dünne Schicht daraufstreichen oder spritzen. Mit Mandelblättchen bestreuen.
6. In der Mitte des Ofens ca. 15 Minuten backen, bis die Mandelcreme ein bisschen Farbe bekommen hat. Etwas abkühlen lassen und dann mit Puderzucker bestäuben. Lauwarm oder ganz abgekühlt servieren.

MADELEINES

MADELEINES

Madeleines sind kleine, weiche Kuchen, die in muschelartigen Formen gebacken werden. Sie erinnern in der Konsistenz ein bisschen an saftige Muffins und sind recht bekannt, seitdem Marcel Proust in „Auf der Suche nach der verlorenen Zeit" über sie schrieb.

Ca. 12 Stück

100 g Butter
90 g Weizenmehl
1 TL Backpulver
2 Eier
85 g Zucker
fein geriebene Schale von ½ Bio-Zitrone
Butter und Mehl für die Förmchen
Madeleine-Förmchen

1. Den Ofen auf 200 °C vorheizen.
2. Die Formen sorgfältig mit etwas zerlassener Butter bestreichen und mit etwas Weizenmehl ausstreuen.
3. Die Butter für den Teig zerlassen.
4. Das Mehl und das Backpulver in einer Schüssel vermischen.
5. Die Eier, den Zucker und die Zitronenschale leicht verquirlen. Die Eiermasse in die Mehlmischung einrühren. Die zerlassene Butter ebenfalls einrühren. Den Teig ein paar Minuten quellen lassen.
6. Die Förmchen fast bis zum Rand mit Teig füllen, am besten mithilfe eines Spritzbeutels. Die Förmchen auf ein Blech oder einen Rost legen und auf mittlerer Schiene ca. 8 Minuten backen, am besten mit Heißluft. Wenn Sie keine Heißluft verwenden, ist die Backzeit etwas länger. Die Madeleines sollen leicht goldbraun werden. Danach sofort aus der Form drücken und am selben Tag essen oder übrig gebliebene einfrieren.

TIPPS

☞ Madeleine-Förmchen aus Teflon oder Silikon gibt es in gut sortierten Küchenläden oder Warenhäusern. Falls sie nicht genug Förmchen haben, können Sie die Madeleines nacheinander backen, und falls Sie keine Spezialförmchen haben, können Sie kleine Papiermuffinformen verwenden.

KOUIGN-AMANN

BRETONISCHER BUTTERKUCHEN

Butter und Zucker in herrlich karamelliger Vereinigung! Kouign-amann stammt aus der Bretagne, und die Erklärung dieses etwas merkwürdigen Namens ist, dass Kouign in der lokalen Sprache Kuchen und Amann Butter bedeutet – Butterkuchen also. Butter und Zucker werden auf ähnliche Weise wie beim Blätterteig in den Teig eingeschlagen, aber es ist nicht ganz so mühsam und zeitraubend. Der Kuchen schmeckt an dem Tag, an dem er gebacken wurde, am besten.

Ca. 8 Stücke

12 g Hefe
175 ml lauwarmes Wasser
240 g Weizenmehl
½ TL Salz, am besten Fleur de Sel
100 g kalte Butter
170 g Zucker
25 g zerlassene Butter

1. Eine runde Backform mit 22–24 cm Durchmesser mit Backpapier auskleiden, sowohl den Boden als auch den Rand.
2. Die Hefe in einer Schüssel in dem Wasser auflösen. Das Mehl und das Salz zufügen und alles zu einem Teig verarbeiten. Ein paar Minuten kneten und anschließend mindestens 1 Stunde gehen lassen.
3. Den Teig auf einer leicht bemehlten Fläche zu einem ca. 4 mm dicken Rechteck ausrollen.
4. Die kalte Butter in Würfel schneiden und auf die Mitte des Teigs streuen. Rund ein Viertel des Zuckers über die Butter streuen.
5. Den Teig in der Breite dreifach falten. Rund ein Viertel des Zuckers auf das Teigpaket streuen und dann der Länge nach dreifach zusammenfalten. Das Teigpaket auf ein Brett mit Backpapier oder Frischhaltefolie legen und im Kühlschrank 1 Stunde ruhen lassen.
6. Etwas Zucker auf die Arbeitsfläche streuen und den Teig ausrollen. Auch auf den Teig Zucker streuen und diesen zu einem Rechteck ausrollen. Der Länge und der Breite nach erneut dreifach zusammenfalten.
7. Den Teig zu einem Kreis (er muss nicht perfekt sein) in der Größe der Form ausrollen und in die Form legen. Mit dem restlichen Zucker bestreuen und mit zerlassener Butter übergießen.
8. Im unteren Teil des Ofens bei 200 °C ca. 40 Minuten backen. Manchmal tropft einiges an Butter vom Kuchen, stellen Sie also am besten eine Auflaufform darunter, damit keine Butter in den Ofen tropft.

PITHIVIERS

DREIKÖNIGSKUCHEN

Im Januar und besonders um den Dreikönigstag wird in Frankreich Gâteau des Rois, auch Pithiviers genannt, gegessen. Rois – Könige – bezieht sich auf die drei Weisen, die am Dreikönigstag das Jesuskind aufsuchten, und in den Kuchen wird eine kleine Porzellanfigur eingebacken. Wer die Figur bekommt, wird zum König ernannt und darf die Papierkrone tragen, die dem Kuchen in der Bäckerei meist beigelegt ist.

4–6 Stücke

2 Bögen eingefrorener Blätterteig, 8 x 17 cm, oder dieselbe Menge selbstgemachter

Mandelfüllung

40 g Zucker
50 g zimmerwarme Butter
50 g Mandelmehl oder überbrühte und geschälte Mandeln
1 Ei
½ EL Rum
Ei zum Bestreichen

1. Den Blätterteig etwas auftauen lassen und den Ofen auf 175 °C vorheizen.
2. Den Zucker, die Butter und das Mandelmehl in einer Küchenmaschine zusammenmixen. Falls ganze Mandeln verwendet werden, muss man sie zuerst mixen. Das Ei und dann den Rum zufügen. Man kann die Füllung auch in einer Schüssel zusammenrühren.
3. Den Blätterteig auf einer leicht bemehlten Arbeitsfläche dünn ausrollen. Mit einem Teller o.Ä. als Schablone aus jedem Blätterteigbogen einen Kreis ausschneiden. Der eine soll ca. 15 cm Durchmesser haben, der andere rundherum knapp 1 cm größer sein.
4. Den kleineren Kreis auf ein Blech mit Backpapier legen. Den Rand mit verquirltem Ei bestreichen. Die Füllung auf den Kreis streichen, aber ca. 1 cm Rand lassen.
5. Den größeren Kreis auf die Füllung legen. Die Ränder der Teigkreise gut zusammendrücken. Die Oberfläche dünn mit Ei bestreichen und ein kleines Loch in die Mitte des Kuchens stechen, um während des Backvorgangs Luft herauszulassen. Am besten ein Muster auf den Kuchen ritzen, aber dabei den Teig nicht durchschneiden.
6. Den Kuchen auf mittlerer Schiene ca. 25–30 Minuten goldbraun backen. Am besten Heißluft verwenden. Auch wenn man die Ränder gut zusammengedrückt hat, läuft oft etwas Füllung aus, aber das macht meist nicht so viel aus. Etwas abkühlen lassen und lauwarm genießen.

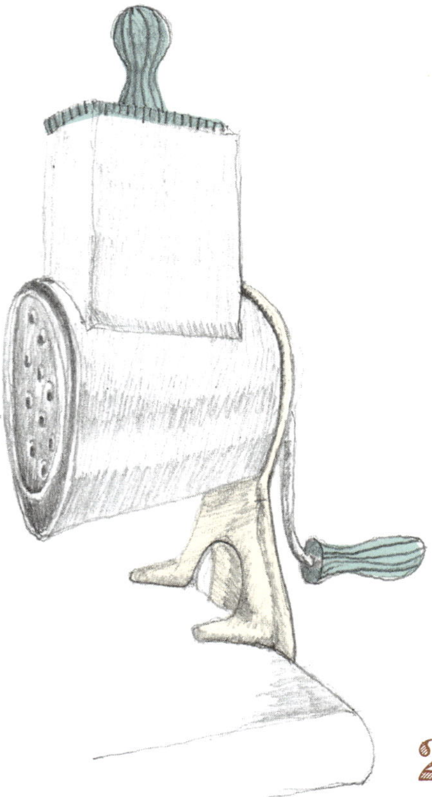

PÂTISSERIE
Meringues françaises

Millefeuille
Religieuse

CANELÉS

CANELÉS

Canelés sind hierzulande bislang ziemlich unbekannt. Es sind kleine Kuchen mit knuspriger Kruste und weichem, cremigem Inneren, die nach Rum und Vanille schmecken. Ein flüssiger Teig wird lange in kleinen Kupferförmchen gebacken. Die Formen können etwas schwer zu bekommen sein, aber ergreifen Sie die Gelegenheit, welche zu kaufen, wenn Sie in Frankreich sind. Es gibt sie auch in französischen Internetshops, suchen Sie nach „moules à canelés". Manchmal findet man sie auch in französischen Spezialitätenläden oder in deutschen Internetshops. Die Formen sind jedoch ziemlich teuer, und Sie brauchen mindestens 8 Stück. Meine Formen haben an der Öffnung einen Durchmesser von 4,5 cm. Es gibt sie auch in anderen Größen, falls Sie diese verwenden, müssen Sie die Backzeit und evtl. die Ofentemperatur anpassen, um perfekt gebackene Canelés zu bekommen. Es gibt auch Silikonformen für Canelés, sie sind billiger, aber die knusprige Oberfläche gelingt damit nicht so leicht. Der Teig muss mindestens 24 Stunden quellen, aber er kann auch länger stehen, falls Sie nicht genug Formen haben, um alle auf einmal zu backen.

Ich habe lange Zeit Butter zum Einfetten der Formen verwendet, aber es war immer schwer, die Canelés herauszubekommen, und sie hatten nicht die richtige Oberfläche. Ich hatte gehört, dass man traditionell Bienenwachs zum Einstreichen der Formen verwendet, und schließlich habe ich es damit ausprobiert. Ich habe Bienenwachs in Granulatform im Internet bestellt. Das beste Resultat bekommt man, wenn man Butter und Bienenwachs zu gleichen Teilen verwendet und die Formen etwas anwärmt, bevor man sie einstreicht, damit es keine allzu dicke Schicht wird. Schütten Sie die Bienenwachsmischung nicht ins Spülbecken oder in die Spülmaschine, sie wird hart und wachsig und bleibt überall hängen. Wischen Sie so viel wie möglich mit Küchenpapier ab und werfen Sie es weg.

Wie Sie merken, ist es ziemlich kompliziert, Canelés zu backen, also wagen Sie sich nur daran, wenn Sie eine Herausforderung wollen.

Ca. 20 Stück

50 g Butter
½ l Vollmilch
1 TL feines Meersalz, am besten Fleur de Sel
1 Vanillestange
240 g Puderzucker
100 g Weizenmehl
2 Eier
2 Eigelb
5 EL brauner Rum
ca. 25 g Bienenwachs und 25 g Butter für die Formen

1. Tag 1: Die Butter, die Milch und das Salz in einem Topf vermengen. Die Vanillestange der Länge nach halbieren und die Samen in den Topf schaben. Die ausgekratzte Vanillestange ebenfalls dazugeben und die Milch erhitzen, bis sie fast kocht. Den Topf von der Platte ziehen und abkühlen lassen, während der Rest der Zutaten abgemessen wird.
2. Den Puderzucker und das Mehl in eine Schüssel sieben.
3. Die Eier und die Eigelbe vorsichtig mit einer Gabel oder Ähnlichem verrühren. Es darf nicht zu viel Luft in den Teig geraten. Die Eier in die Mehlmischung einrühren. Es macht nichts, wenn ein paar Klümpchen entstehen, sie verschwinden, wenn der Teig gesiebt wird.
4. Die Milchmischung nach und nach mit einem Gummilöffel einrühren. Den Teig durch ein Sieb gießen, um eventuelle Klümpchen auszusieben.
5. Den Rum zufügen und alles zu einem lockeren Teig verrühren, der fast so flüssig ist wie Milch. Die Schüssel mit Frischhaltefolie bedecken und im Kühlschrank mindestens 24 Stunden stehen lassen, gerne 2 oder 3 Tage. Die Vanillestange mit im Teig lassen, damit sie Geschmack abgibt, aber entfernen, bevor der Teig in die Förmchen gefüllt wird.
6. Tag 2: Den Ofen auf 250 °C vorheizen, bevor mit dem Backen begonnen wird.
7. Die Butter und das Bienenwachs für die Form bei schwacher Hitze in einem Topf schmelzen. Die Formen ca. 1 Minute im Ofen anwärmen. Wenn sie kalt sind, wird es eine unnötig dicke Schicht Bienenwachsmischung. Die erste Form mit der Mischung füllen. In die zweite umgießen und so weiter machen, bis alle Formen mit einer Schicht Butter und Bienenwachs bedeckt sind. Die Förmchen umgedreht etwas abtropfen lassen und dann mindestens 10 Minuten in den Kühlschrank stellen.
8. Den Teig bis ca. 5 mm unter dem Rand in die Formen gießen. Die Formen in den Ofen stellen und dann die Temperatur auf 180 °C senken. Ca. 70 Minuten backen. Einen der Kuchen herausnehmen, am besten mithilfe einer Zange, und kontrollieren, ob er sich lösen lässt. Die restlichen Canelés etwas länger backen, falls der erste noch zu bleich ist. Sie sollen braun und außen gut durchgebacken sein, aber in der Mitte immer noch etwas cremig.
9. Die Canelés aus dem Ofen nehmen, wenn sie fertig sind, und aus der Form lösen. Sie schmecken ein paar Tage lang, aber verwahren Sie sie luftig. Wenn man sie in eine Dose oder eine Plastiktüte legt, werden sie feucht, und die knusprige Kruste wird zerstört.

TIPPS

- Versuchen Sie, so wenig Luft wie möglich mit in den Teig zu rühren.
- Lassen Sie den Teig mindestens 24 Stunden im Kühlschrank ziehen, am besten länger.
- Fetten Sie die Formen mit geschmolzenem Bienenwachs und Butter zu gleichen Teilen ein.

CAFE
RESTAURANT

FINANCIERS

FINANCIERS

Ein einfaches Rezept, das alles Eiweiß verwertet, das bei den eigelbhaltigen Gebäcksorten dieses Buches übrigbleibt. Die Butter für diese kleinen Kuchen wird gebräunt, damit sie besonders viel Geschmack abgibt, was auf französisch beurre noisette genannt wird. Klassische Financiers werden in länglichen Förmchen gebacken, um eine goldbarren-ähnliche Form zu erhalten, aber es kann schwer sein, solche Förmchen zu bekommen. Für die Financiers auf dem Bild habe ich ein Muffinblech in Miniformat verwendet, aber man kann auch Silikonformen, Papierformen oder Ähnliches benutzen.

Ca. 16 Stück

75 g Butter
30 g Weizenmehl
125 g Mandelmehl
90 g Puderzucker
1 Msp. Salz
1 TL Vanillezucker
4 Eiweiß
Mandelblättchen als Dekor
zimmerwarme Butter für die Formen

1. Die Förmchen einfetten und den Ofen auf 175 °C vorheizen.
2. Die Butter in einem Topf schmelzen und weiterbrutzeln lassen, bis sie goldbraun ist. Etwas abkühlen lassen.
3. Die trockenen Zutaten vermengen.
4. Das Eiweiß in die Mehlmischung einrühren. Die zerlassene Butter ebenfalls einrühren.
5. Den Teig fast bis zum Rand in die Formen löffeln oder spritzen. Mit Mandelblättchen bestreuen.
6. Auf mittlerer Schiene ca. 25–30 Minuten backen. Die Financiers aus den Formen nehmen und abkühlen lassen. Bei Zimmertemperatur 2–3 Tage verwahren oder einfrieren.

VARIATIONEN

- Ersetzen Sie die Mandelblättchen durch Granatapfelkerne, Himbeeren, Blaubeeren oder andere Beeren oder Früchte.
- Machen Sie Kokosfinanciers, indem Sie das Mandelmehl durch dieselbe Menge Kokosflocken ersetzen. Den Teig mit Kokosflocken anstelle von Mandelblättchen dekorieren.
- Machen Sie Schoko-Kaffee-Financiers, indem Sie 2 EL Kakao und 2 EL starken abgekühlten Kaffee in den Teig einrühren.

MILLEFEUILLE

TAUSENDBLATT-GEBÄCK

Tausend knusprige Schichten Blätterteig mit Vanillecreme dazwischen! Mein Trick, um hübsches Gebäck besser zerschneiden zu können, ist, das Ganze mindestens 30 Minuten in den Gefrierschrank zu stellen. Das Muster in der Glasur zu machen, ist auch nicht so schwer, wie man vielleicht denkt. Sie können die Füllung auch variieren, wenn Sie nur Vanillecreme zu langweilig finden. Dazu können Sie beispielsweise die Nougatmousse von Seite 56 oder die Schokoladencreme von Seite 42 verwenden und mit Apfelmus oder etwas anderem Säuerlichen kombinieren wie bei der schwedischen Variante, dem Napoleonsgebäck.

8 Stück

Vanillecreme
400 ml Vollmilch
60 g Zucker
½ Vanillestange
2 EL Maisstärke
4 Eigelb
50 g zimmerwarme Butter

Blätterteig
3 Stücke Blätterteig, gekauft oder selbstgemacht, 8 x 17 cm

Glasur
120 g Puderzucker
ca. 4 TL Wasser
25 g dunkle Schokolade

1. **Vanillecreme:** Die Milch und die Hälfte des Zuckers in einen Topf geben. Die Vanillestange der Länge nach halbieren und die Samen herausschaben. Die Stange und die Samen in die Milch geben und erhitzen.
2. Die Maisstärke mit dem restlichen Zucker vermischen. Die Eigelbe einrühren. Zu einer glatten Masse vermengen und ein bisschen von der heißen Milch einrühren, um zu verhindern, dass das Eigelb gerinnt. Die Milchmischung aufkochen lassen und die Eiermischung in den Topf einrühren. Die Soße bei reduzierter Hitze ca. 1 Minute kochen lassen, bis sie eindickt, dabei mit einem Schneebesen schlagen. Den Topf von der Platte ziehen und die Butter einrühren. Die Creme am besten zum Abkühlen in ein kaltes Wasserbad stellen. Bis zur Verwendung im Kühlschrank aufbewahren, erst dann die Vanillestange entfernen.
3. **Blätterteig:** Den Blätterteig ca. 2–3 mm dick ausrollen, falls selbstgemachter verwendet wird. Gekaufter Teig muss nicht ausgerollt werden. Die drei Teigbögen auf ein Blech mit Backpapier legen und mit einer Gabel einstechen. Bei 200 °C ca. 25 Minuten backen. Die Teigstücke nach der Hälfte der Zeit mithilfe eines Blechs herunterdrücken, sodass sie nicht zu sehr aufgehen. Ganz abkühlen lassen.
4. Die Blätterteigbögen in der Mitte teilen, sodass aus drei dicken sechs dünne Böden werden. Jetzt werden drei längliche Gebäcke mit jeweils drei Böden und zwei Schichten Vanillecreme gemacht. Dafür zwei Böden mit einer dicken Schicht Vanillecreme bestreichen. Jeweils einen Boden darauflegen und mit einer weiteren Schicht Vanillecreme bestreichen. Es wird nicht die ganze Vanillecreme aufgebraucht. Mit den letzten Böden belegen.

Das Rezept geht auf der übernächsten Seite weiter. ☞

5. **Glasur:** Den Puderzucker und das Wasser zu einer dicken Glasur verrühren. Die Schokolade in der Mikrowelle oder im Wasserbad schmelzen und in einen kleinen Einmalspritzbeutel oder einen selbstgefalteten Spritzbeutel aus Backpapier füllen. Ein kleines Loch ausschneiden.
6. Die Gebäckstücke ziemlich dünn mit Zuckerglasur bestreichen. Die Schokolade in Längsstreifen aufspritzen. Mit einem Zahnstocher quer über die Schokoladenstreifen fahren, um ein marmoriertes Muster zu schaffen. Das Gebäck für mindestens 30 Minuten in den Gefrierschrank stellen. So kann man es hinterher leichter in hübsche Stücke schneiden.
7. Jedes Gebäck in vier Stücke schneiden. Das geht am besten mit einem scharfen Sägemesser, das vor jedem Schnitt mit warmem Wasser abgespült wird. Jede Schicht mit sägenden Bewegungen durchschneiden. Das Gebäck bis zum Servieren im Kühlschrank verwahren, aber am besten am selben Tag essen.

Éclairs au chocolat

Éclairs mit Schokoladencreme

Gebäck so schön wie ein Schmuckstück! Der Teig für Éclairs wird Pâte à choux (Brandteig) genannt und auf ungewöhnliche Art gemacht. Er wird in einem Topf überbrüht und geröstet. Ungewöhnlich, aber nicht schwer! Essen Sie die Éclairs am besten am selben Tag oder bereiten Sie sie vor und frieren Sie sie ohne Füllung ein.

Ca. 20 Stück

Brandteig

100 ml Wasser
100 ml Vollmilch
100 g Butter
knapp ¼ TL Salz
1 TL Zucker
120 g Weizenmehl
4 Eier

Schokoladencreme

350 ml Vollmilch
40 g Zucker
1 EL Maisstärke
4 Eigelb
50 g zimmerwarme Butter
225 g dunkle Schokolade, fein gehackt

Schokoladenglasur

150 g dunkle Schokolade
100 ml Schlagsahne

1. **Brandteig:** Das Wasser, die Milch, die Butter, das Salz und den Zucker in einen Topf geben und aufkochen lassen.
2. Das Mehl in die kochende Flüssigkeit einrühren. Mit einem Kochlöffel ein paar Minuten kräftig rühren, bis der Teig dick, glatt und etwas glänzend zu werden beginnt. Meistens brennt ein bisschen Teig am Topfboden an, aber das macht nichts.
3. Den Teig in eine Schüssel füllen und mit einem Rührgerät die Eier nacheinander einrühren. Nach jedem Ei sorgfältig, aber auf niedriger Stufe verquirlen.
4. Ca. 12 cm lange Teigstränge in regelmäßigen Abständen auf zwei Bleche mit Backpapier spritzen.
5. Die Bleche nacheinander auf mittlerer Schiene bei 200 °C ca. 20 Minuten backen, bis die Gebäckstücke aufgegangen und goldbraun geworden sind. Man kann auch beide Bleche gleichzeitig bei 175 °C Heißluft backen. Abkühlen lassen.
6. **Schokoladencreme:** Die Milch in einem Topf mit der Hälfte des Zuckers vermengen. Die Mischung erhitzen.
7. Den restlichen Zucker mit der Maisstärke vermischen und die Eigelbe zufügen. Glatt rühren und etwas von der heißen Milch zufügen, um zu verhindern, dass das Eigelb gerinnt. Die Milchmischung aufkochen lassen und die Eiermasse einrühren. Die Soße einen Moment unter Rühren kochen lassen, den Topf von der Platte ziehen und die weiche Butter und die gehackte Schokolade einrühren. Zu einer glatten Creme rühren und den Topf zum Abkühlen in ein kaltes Wasserbad stellen. Bis zur Verwendung im Kühlschrank verwahren.
8. Jedes Éclair seitlich einschneiden und mit der Schokoladencreme füllen, am besten mithilfe eines Spritzbeutels.
9. **Schokoladenglasur:** Die Schokolade ziemlich fein hacken. Die Sahne in einem kleinen Topf aufkochen, den Topf von der Platte ziehen und die Schokolade einrühren, bis sie ganz geschmolzen ist. Die Glasur mithilfe eines Löffels oder Gummilöffels auf die Éclairs streichen und erstarren lassen. Das Gebäck sofort servieren oder im Kühlschrank verwahren.

CARROUSEL
1900

Éclairs aux myrtilles

Éclairs mit Blaubeercreme

Ein frischer nordischer Wind weht über diesen Éclairs! Sie sind meine eigene Erfindung, die Kombination von Blaubeeren und Frischkäse würde einer französischen Konditorei wohl nicht ins Haus kommen.

Ca. 20 Stück

Brandteig

100 ml Wasser
100 ml Vollmilch
100 g Butter
knapp ¼ TL Salz
1 TL Zucker
120 g Weizenmehl
4 Eier

Blaubeercreme

50 g Blaubeeren, frisch oder Tiefkühlware aufgetaut
45 g Puderzucker
300 g Frischkäse
100 ml Schlagsahne

Glasur

120 g Puderzucker
4 TL Wasser
blaue und rote Lebensmittelfarbe

1. **Brandteig:** Das Wasser, die Milch, die Butter, das Salz und den Zucker in einen Topf geben und aufkochen lassen.
2. Das Mehl in die kochende Flüssigkeit einrühren. Mit einem Kochlöffel ein paar Minuten kräftig rühren, bis der Teig dick, glatt und etwas glänzend zu werden beginnt. Meistens brennt ein bisschen Teig am Topfboden an, aber das macht nichts.
3. Den Teig in eine Schüssel füllen und mit einem Rührgerät die Eier nacheinander einrühren. Nach jedem Ei sorgfältig, aber auf niedriger Stufe verquirlen.
4. Ca. 12 cm lange Teigstränge in regelmäßigen Abständen auf zwei Bleche mit Backpapier spritzen.
5. Die Bleche nacheinander auf mittlerer Schiene bei 200 °C ca. 20 Minuten backen, bis die Gebäckstücke aufgegangen und goldbraun geworden sind. Man kann auch beide Bleche gleichzeitig bei 175 °C Heißluft backen. Abkühlen lassen.
6. **Blaubeercreme:** Die Blaubeeren mit einem Stabmixer fein mixen und evtl. durch ein Sieb passieren, sodass alles ganz glatt wird.
7. Den Puderzucker und das Blaubeerpüree in den Frischkäse einrühren. Nach und nach die Schlagsahne zufügen und mit einem Rührgerät zu einer fluffigen Creme schlagen.
8. Die Éclairs seitlich einschneiden und die Creme hineinspritzen.
9. **Glasur:** Den Puderzucker und das Wasser zu einer dicken Glasur verrühren. Ca. 1 EL der Glasur beiseitestellen. Den Rest mit ein paar Tropfen roter und blauer Lebensmittelfarbe lila färben. Die Éclairs mit lila Glasur bestreichen und dann die weiße Glasur daraufspritzen oder -träufeln. Bis zum Servieren im Kühlschrank verwahren, aber am besten am selben Tag essen.

RELIGIEUSES

RELIGIEUSES

Religieuses werden aus demselben Brandteig gemacht wie Éclairs, aber zu Kugeln gespritzt, einer großen und einer kleinen, die übereinander gestapelt werden. Der seltsame Name kommt daher, dass die kugeligen Gebäckstücke ein bisschen an Nonnen erinnern. Ich habe meine Religieuses mit derselben Schokoladencreme gefüllt wie die Éclairs au chocolat, aber Sie können auch z. B. die Nougatmousse von Seite 56 oder die Vanillecreme von Seite 38 verwenden.

Ca. 16 Stück

Brandteig:
100 ml Wasser
100 ml Vollmilch
100 g Butter
knapp ¼ TL Salz
1 TL Zucker
120 g Weizenmehl
4 Eier

Schokoladencreme
350 ml Vollmilch
40 g Zucker
1 EL Maisstärke
4 Eigelb
50 g zimmerwarme Butter
225 g dunkle Schokolade, fein gehackt
1 Glas (400 g) Nussnugatcreme als Glasur
Zuckerperlen als Dekor

1. **Brandteig:** Das Wasser, die Milch, die Butter, das Salz und den Zucker in einen Topf geben und aufkochen lassen.
2. Das Mehl in die kochende Flüssigkeit einrühren. Mit einem Kochlöffel ein paar Minuten kräftig rühren, bis der Teig dick, glatt und etwas glänzend zu werden beginnt. Meistens brennt ein bisschen Teig am Topfboden an.
3. Den Teig in eine Schüssel füllen und mit einem Rührgerät die Eier nacheinander einrühren. Nach jedem Ei sorgfältig, aber auf niedriger Stufe verquirlen.
4. Den Teig in einen Spritzbeutel füllen. Auf ein Blech mit Backpapier größere Kreisen (ca. 5 cm Durchmesser) und auf eines kleinere (ca. 2 cm Durchmesser) spritzen. Die Bleche nacheinander auf mittlerer Schiene bei 200 °C backen, die großen ca. 20 und die kleinen ca. 12 Minuten.
5. **Schokoladencreme:** Die Milch in einem Topf mit der Hälfte des Zuckers vermengen. Die Mischung erhitzen.
6. Den restlichen Zucker mit der Maisstärke vermischen und die Eigelbe zufügen. Glatt rühren und etwas von der heißen Milch zufügen, um zu verhindern, dass das Eigelb gerinnt. Die Milchmischung aufkochen lassen und die Eiermasse einrühren. Einen Moment unter Rühren kochen lassen, von der Platte ziehen und die Butter und die Schokolade einrühren. Zu einer glatten Creme rühren und zum Abkühlen in ein kaltes Wasserbad stellen. Bis zur Verwendung im Kühlschrank verwahren.
7. Die Schokoladencreme in einen Spritzbeutel mit runder Tülle füllen. Mit einem Messer ein kleines Loch in die Seite jeder großen Kugel stechen. Die Tülle in das Loch stecken und die Bälle füllen. Anschließend ein kleines Loch in die Unterseite jeder kleinen Kugel stechen und mit Schokoladencreme füllen. Eventuell vor dem Glasieren eine Weile in den Kühlschrank stellen, falls das Gebäck sich weich anfühlt.
8. Nussnugatcreme als Glasur auf die großen und die kleinen Kugeln streichen. Auf jede große eine kleine Kugel stellen. Am besten mit Zuckerperlen dekorieren. Bis zum Servieren im Kühlschrank verwahren.

Forêt Noire

Schwarzwälder Kirschtorte

Die deutsche Schwarzwälder Kirschtorte ist auch in Frankreich sehr verbreitet. Die Böden werden aus weichem Schokoladenkuchen gemacht, der mit Kirschwasser getränkt und mit Kirschen und Sahne aufgeschichtet wird. Man kann dafür gefrorene oder eingelegte Kirschen aus dem Glas verwenden.

Ca. 14 Stücke

Schokoladenkuchen
150 g Butter
240 g Weizenmehl
130 g Kakao
1 EL Backpulver
6 Eier
340 g Zucker
300 ml Vollmilch

Füllung
100 ml Kirschwasser
ca. 700 ml Schlagsahne
350 g Kirschen

Schokoladenglasur
150 g dunkle Schokolade
100 ml Schlagsahne

Ausserdem
Butter und Semmelbrösel für die Form
frische oder gefrorene Kirschen als Dekor

1. **Schokoladenkuchen:** Den Ofen auf 175 °C vorheizen. Eine Springform mit ca. 24 cm Durchmesser einfetten und mit Semmelbröseln ausstreuen.
2. Die Butter zerlassen. Das Mehl, den Kakao und das Backpulver vermengen.
3. Die Eier und den Zucker mit einen Rührgerät schaumig schlagen. Die Mehlmischung nach und nach hineinsieben und gleichzeitig Butter und Milch zufügen. Vorsichtig mit einem Schneebesen zu einem glatten Teig schlagen.
4. Den Teig in die Form geben und im unteren Teil des Ofens ca. 60 Minuten backen. Mit einem Stäbchen kontrollieren, ob der Kuchen fertig ist. Abkühlen lassen.
5. **Füllung:** Den Kuchen in drei Böden zerteilen und die Böden mit Kirschwasser tränken.
6. Die Sahne luftig und steif schlagen, aber nicht zu fest.
7. Einen der Böden auf eine Kuchenplatte legen. Eine Schicht Sahne daraufstreichen. Die Hälfte der Kirschen über die Sahne streuen. Den nächsten Boden darauflegen, mit Sahne bestreichen und mit Kirschen bestreuen. Den letzten Boden darauflegen.
8. Eine Schicht Sahne um den Rand des Kuchens und ein bisschen auf den obersten Boden streichen.
9. **Schokoladenglasur:** Die Schokolade ziemlich fein hacken. Die Sahne in einem kleinen Topf aufkochen, den Topf von der Platte ziehen und die Schokolade einrühren, bis sie ganz geschmolzen ist. Die Glasur auf die Torte streichen und fest werden lassen.
10. Kleine Sahnehäubchen um den Tortenrand spritzen und mit Kirschen dekorieren.

SIROP DE

CHARLOTTE AUX FRUITS ROUGES

MOUSSE-TORTE MIT HIMBEEREN UND ERDBEEREN

Eine festliche kleine Sommertorte mit leckeren frischen Früchten und Löffelbiskuits.

6–8 Portionen

1 Päckchen Löffelbiskuits
6 Gelatineblätter
225 g Himbeeren, frisch oder Tiefkühlware aufgetaut
400 g Erdbeeren, frisch oder Tiefkühlware aufgetaut
3 EL frisch gepresster Zitronensaft
50 ml Wasser
125 g Zucker
400 ml Schlagsahne
frische Beeren als Dekor

1. Eine Form oder einen Topf mit geradem Rand mit Frischhaltefolie auskleiden. Die Form sollte ca. 2 l fassen und am besten einen Durchmesser von ca. 15 cm haben. Die Löffelbiskuits dicht am Rand entlang stellen und einige auf den Boden der Form legen.
2. Die Gelatineblätter in reichlich kaltem Wasser einweichen,
3. Die Himbeeren und die Erdbeeren mixen und durch ein Sieb passieren, um die Kerne zu entfernen. Den Zitronensaft einrühren.
4. Das Wasser und den Zucker in einem Topf vermischen, aufkochen und ein paar Minuten kochen lassen. Den Topf von der Platte ziehen.
5. Die Gelatineblätter ausdrücken und die Gelatine in das Zuckerwasser einrühren. Ein paar Minuten abkühlen lassen. Ein bisschen von den passierten Beeren in das Zuckerwasser mischen und dann das Zuckerwasser in die Beeren einrühren.
6. Die Sahne fluffig und steif, aber nicht zu fest schlagen. Etwas Sahne ins Beerenpüree mischen und dann das Beerenpüree in die Sahne einrühren. Die Mousse in die Form gießen. Im Kühlschrank mindestens 6 Stunden stocken lassen. Man kann die Torte auch einfrieren. Dann vor dem Servieren auf einen Teller stürzen, die Frischhaltefolie entfernen und auftauen lassen. Mit frischen Beeren garnieren.

FRAISIER

ERDBEERTORTE MIT VANILLEMOUSSE

Was für eine wunderbare Art, Erdbeertorte zu machen! Fraisier wird normalerweise mit Mousseline, einer Art Vanille-Buttercreme gemacht, aber ich bin kein großer Fan von Buttercreme und habe stattdessen eine eigene Variante mit cremiger, leckerer Vanillemousse kreiert.

Ca. 12 Stück

Tortenboden

4 Eier
85 g Zucker
90 g Weizenmehl
½ TL Backpulver

Vanillemousse

2 Gelatineblätter
400 ml Vollmilch
125 g Zucker
1 Vanillestange
3 EL Maisstärke
4 Eigelb
75 g zimmerwarme Butter
300 ml Schlagsahne

Ausserdem

4 EL Himbeerlikör, Kirschwasser oder ähnlicher Likör zum Tränken der Böden
500 g frische Erdbeeren
Puderzucker und frische Beeren als Dekor

1. **Tortenboden:** Den Boden einer Springform mit ca. 22 cm Durchmesser mit Backpapier auskleiden. Den Rand nicht einfetten.
2. Die Eier und den Zucker mit einem Rührgerät richtig schaumig schlagen.
3. Das Mehl und das Backpulver vermengen, in die Eiermasse sieben und mit einem Schneebesen verrühren. Den Teig in die Form geben und im mittleren Teil des Ofens ca. 25 Minuten bei 175 °C backen. Am besten mit einem Stäbchen kontrollieren, ob der Kuchen ganz durchgebacken ist. Abkühlen lassen.
4. Den Kuchen aus der Form lösen, indem man mit einem schmalen Messer an der Innenseite der Form entlang fährt. Den Kuchen in zwei Böden teilen.
5. **Vanillemousse:** Die Gelatineblätter in reichlich kaltem Wasser einweichen.
6. Die Milch in einem Topf mit der Hälfte des Zuckers vermischen. Die Vanillestange längs halbieren und die Samen herausschaben. Die Samen und die Vanillestange in den Topf geben und erhitzen.
7. Den restlichen Zucker mit der Maisstärke vermischen und die Eigelbe einrühren. Ein bisschen von der heißen Milch in die Eiermasse mischen und dann die Eiermasse in die Milch einrühren. Unter Rühren aufkochen und knapp 1 Minute köcheln lassen. Den Topf von der Platte ziehen.
8. Die Gelatineblätter ausdrücken und in die Masse einrühren. Die Butter hinzufügen und alles zu einer glatten Creme schlagen. Den Topf in ein kaltes Wasserbad stellen und etwas abkühlen lassen. Dann die Creme in eine Schüssel gießen und mindestens 1 Stunde in den Kühlschrank stellen.
9. Die Vanillestange entfernen und etwas umrühren. Die Sahne fluffig und steif, aber nicht zu fest schlagen. Etwas Sahne unter die Vanillecreme heben und gut vermischen. Den Rest der Sahne unterheben und vorsichtig vermengen.
10. **Montage:** Den Rand der Springform auf ein Brett mit Backpapier stellen. Die Innenseite des Ringes mit Backpapier auskleiden. Falls man es vermeiden will, die Torte noch einmal umzustellen, kann man sie auch direkt auf einer Kuchenplatte zusammensetzen.

Das Rezept geht auf der übernächsten Seite weiter. ☞

46
PAYANT

11. Einen Tortenboden in den Ring legen und mit dem Likör tränken. Den anderen Boden ebenfalls mit Likör tränken.
12. Die Erdbeeren putzen und halbieren. Mit der Schnittfläche nach außen dicht am Rand der Form entlang legen. Die restlichen Erdbeeren auf den Boden streuen.
13. Zwischen alle Erdbeeren Vanillemousse spritzen. Die restliche Mousse über die ganze Torte verteilen. Den anderen Boden darauflegen. Die Torte zum Stocken mindestens 4 Stunden in den Kühlschrank stellen, am besten über Nacht.
14. Die Torte aus dem Kühlschrank nehmen und Ring und Backpapier entfernen. Auf eine Kuchenplatte stellen, mit Puderzucker bestäuben und evtl. mit frischen Beeren dekorieren.

TIPPS

☞ Mein Profitipp für eine gelungene Torte ist, den Rand der Form nicht einzufetten, wenn Sie die Böden backen. Wenn Sie sie einfetten, löst sich der Kuchen davon und schrumpft ein wenig zusammen. Dann passt der Kuchen beim Montieren nicht mehr in die Form. Wenn Sie den Rand dagegen nicht einfetten, bleibt der Kuchen am Rand hängen und wird gleichmäßig und schön. Wenn er abgekühlt ist, kann man ihn mit einem Messer vom Rand trennen.

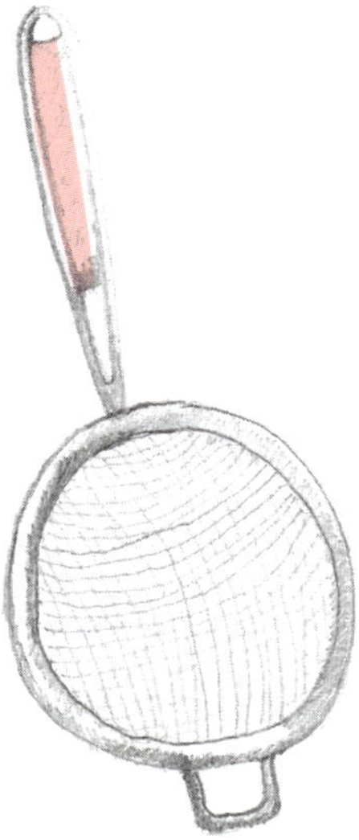

Die halbierten Erdbeeren dicht um den Rand der Form legen.

Vanillemousse zwischen alle Erdbeeren spritzen.

Vanillemousse über die ganze Torte spritzen.

Den zweiten Tortenboden darauflegen und im Kühlschrank stocken lassen.

PARIS-BREST

NOUGATKRANZ

Ein klassisches französisches Gebäck, das zum Fahrradrennen Paris-Brest 1891 erfunden wurde. Die runde Form des mit Nougatmousse gefüllten Kranzes symbolisiert einen Fahrradreifen, und das energiereiche Gebäck half den Radfahrern, durchs Rennen zu kommen. Die Mousse erfordert im Normalfall drei separate Rezepte mit unzähligen Zutaten und Stunden an fleißiger Arbeit, aber ich habe eine Schnellversion mit nur Nougat, Sahne und Milch erfunden. Kinderleicht und genauso gut wie das Original, wenn Sie mich fragen!

Ca. 12 Stücke

Nougatmousse
250 g Nougat
150 ml Schlagsahne
200 ml Vollmilch

Brandteig
50 ml Wasser
50 ml Vollmilch
50 g Butter
knapp ¼ TL Salz
1 TL Zucker
60 g Weizenmehl
2 Eier

Ausserdem
Mandelblättchen als Dekor
evtl. Puderzucker als Dekor

1. **Nougatmousse:** Das Nougat grob hacken. Die Schlagsahne zusammen mit der Milch aufkochen. Den Topf von der Platte ziehen und rasch das Nougat zufügen. Mit einem Stabmixer glatt mixen. Im Kühlschrank abkühlen lassen, am besten über Nacht, mindestens 2–3 Stunden.
2. **Brandteig:** Das Wasser, die Milch, die Butter, das Salz und den Zucker in einen Topf geben und aufkochen lassen.
3. Das Mehl in die kochende Flüssigkeit einrühren. Mit einem Kochlöffel ein paar Minuten kräftig rühren, bis der Teig dick, glatt und etwas glänzend zu werden beginnt. Meistens brennt ein bisschen Teig am Topfboden an, aber das macht nichts.
4. Den Teig in eine Schüssel füllen und mit einem Rührgerät die Eier nacheinander einrühren. Nach jedem Ei sorgfältig, aber auf niedriger Stufe verquirlen.
5. Einen Kreis mit ca. 22 cm Durchmesser auf ein Backpapier zeichnen. Am besten einen Teller oder eine Kuchenform als Schablone benutzen.
6. Den Teig an der Innenseite des Kreises entlang spritzen. An der Innenseite des ersten Teigkreises einen weiteren Strang spritzen. Einen dritten Strang auf die ersten beiden Stränge spritzen. Mit Mandelblättchen bestreuen.
7. Auf mittlerer Schiene bei 175 °C ca. 30 Minuten backen, bis das Gebäck aufgegangen und schön goldbraun geworden ist. Es ist wichtig, dass es gut durchgebacken ist, sonst sinkt es beim Abkühlen zusammen. Soweit verfügbar gerne bei Heißluft backen. Abkühlen lassen.

Das Rezept geht auf der übernächsten Seite weiter. ☞

8. **Montage:** Die Nougatmousse aus dem Kühlschrank holen. Sie wird immer noch flüssig sein, aber das ist in Ordnung. Die kalte Nougatmasse mit einem Rührgerät zu einer fluffigen, sahnigen Konsistenz schlagen.
9. Die Oberseite des Kranzes abschneiden. Die Nougatmousse in einen Spritzbeutel mit einer Sterntülle füllen, auf die Unterseite des Kranzes spritzen und den Deckel wieder auflegen. Evtl. mit Puderzucker bestäuben.

Den Teig an der Innenseite des gezeichneten Kreises entlang spritzen. Einen weiteren Strang innerhalb des ersten Teigkreises spritzen. Einen dritten Teigstrang auf die ersten beiden spritzen.

MIGNARDISES

PETIT-FOURS

Mignardises können in allen möglichen Formen gemacht werden. Es ist ein Sammelname für Minigebäck. Hierzulande nennen wir sie oft Petit-Fours, aber in Frankreich bezeichnet dieser Ausdruck vor allem kleine Törtchen. Meine habe ich wie kleine Mürbteigtartelettes gemacht, die eine Hälfte mit Zitronencreme und die andere mit Schokoladentrüffel gefüllt. Den Schokoladentrüffel habe ich mit Rum verfeinert, aber Sie können auch Ihren eigenen Lieblingsschnaps oder -likör verwenden oder eine alkoholfreie Variante mit z.B. Kaffee oder frisch gepresstem Orangensaft machen.

Um die Mürbteigformen zu backen, braucht man Miniförmchen, die es in gut sortierten Küchenläden gibt. Gut sortierte Supermärkte haben manchmal auch fertige Mürbteigformen, falls Sie eine Schnellversion machen wollen.

Ca. 35 kleine Gebäckstücke

Mürbteig
- *150 g Weizenmehl*
- *40 g Zucker*
- *knapp ¼ TL Salz*
- *100 g kalte Butter*
- *1 Eigelb*
- *Butter und Mehl für die Form*

Schokoladentrüffel
- *125 g dunkle Schokolade*
- *100 ml Schlagsahne*
- *1 TL Honig*
- *1 Klecks zimmerwarme Butter*
- *2 EL Rum oder Ähnliches*

Zitronencreme
- *100 ml frisch gepresster Zitronensaft (entspricht ca. 1–2 Zitronen)*
- *50 g Butter*
- *60 g Zucker*
- *2 Eier*
- *frische Beeren und dunkle Schokolade als Dekor*

1. **Mürbteig:** Alle Zutaten für den Mürbteig in eine Küchenmaschine geben und rasch zu einem Teig verarbeiten. Man kann den Teig auch von Hand zusammenkneten.
2. Die Förmchen dünn mit Butter einfetten, wenn sie neu gekauft oder gespült sind. Mit einer dünnen Schicht Mehl bestreuen und mit dem Teig auskleiden. Dazu entweder in jedes Förmchen eine dünne Schicht Teig drücken oder den Teig zuerst auf einer bemehlten Arbeitsfläche ca. 2 mm dünn ausrollen, die Formen mit etwas Zwischenraum aufstellen und den Teig darüberlegen. Den Teig vorsichtig in jedes Förmchen herunterdrücken und die Ränder glätten. Ca. 30 Minuten in den Kühlschrank stellen.
3. Die Förmchen auf mittlerer Schiene bei 200 °C 8–10 Minuten backen, bis der Teig etwas Farbe bekommen hat.

Das Rezept geht auf der nächsten Seite weiter. ☞

4. **Schokoladentrüffel:** Die Schokolade ziemlich fein hacken.
5. Alle Zutaten für den Trüffel bei schwacher Hitze in einem Topf zusammenschmelzen lassen. Zu einer gleichmäßigen, glatten Masse verrühren. Die Hälfte der Förmchen mit Schokoladentrüffel füllen. Wenn Sie den Trüffel spritzen wollen, zuerst 2–3 Stunden im Kühlschrank fest werden lassen. Dann in einen Spritzbeutel mit Sterntülle füllen und in die Förmchen spritzen.
6. **Zitronencreme:** Die Zitronen auspressen und den Saft abmessen.
7. Den Saft zusammen mit der in kleine Stücke geschnittenen Butter und der Hälfte des Zuckers in einen Topf geben und erhitzen. Die Eier mit dem restlichen Zucker verquirlen.
8. Wenn die Zitronensaftmischung aufgekocht ist, die Eiermasse einrühren. Mit einem Schneebesen schlagen, bis die Creme einzudicken beginnt. Die Creme bei schwacher Hitze ca. 1 Minute sieden lassen, dann den Topf von der Platte ziehen und die Creme durch ein feinmaschiges Sieb gießen, damit sie ganz glatt wird. Abkühlen lassen.
9. Die Mürbteigförmchen mit der Creme füllen. Im Kühlschrank fest werden lassen.
10. Mit geschmolzener Schokolade und frischen Beeren garnieren.

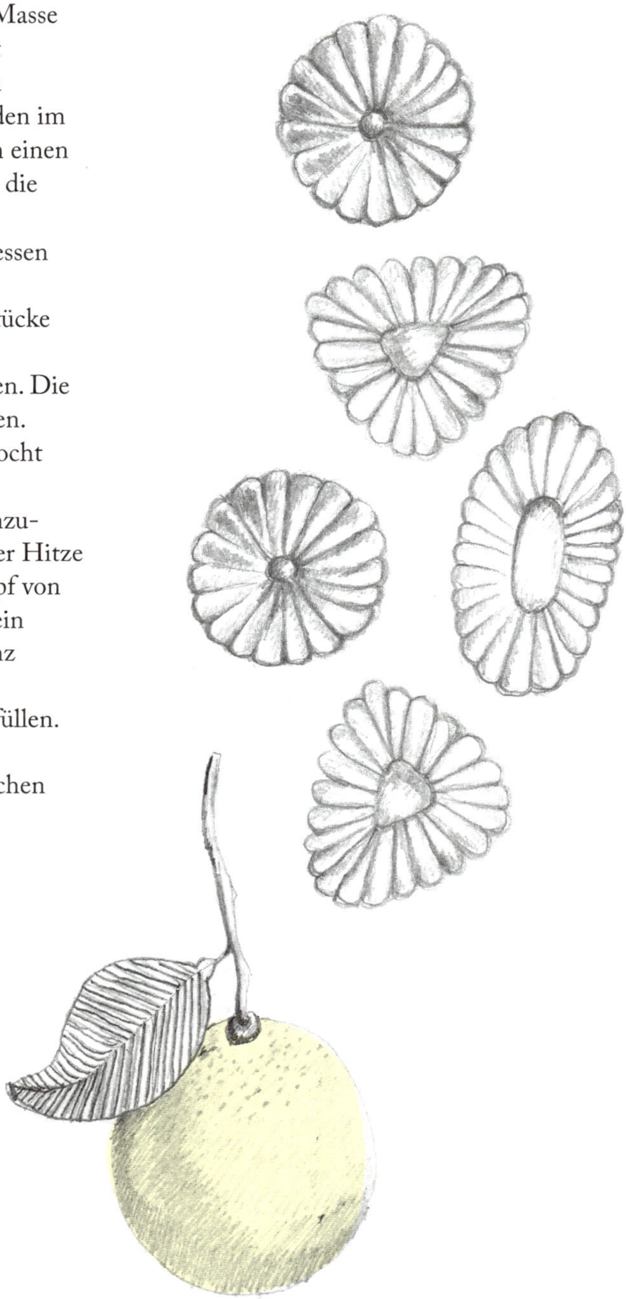

PÂTISSERIES
VIENNOISERIES
OEUFS BIO
CAFE
St
REGIS
St

NOUGATINE

MANDELKARAMELL

Mein Französisch ist gelinde gesagt mangelhaft, aber auf einem Kochkurs in Paris konnte ich glücklicherweise trotzdem aufschnappen, wie man am besten Nougatine macht. Nougatine sind Platten aus Mandelkaramell, und um sie dünn und knusprig zu bekommen, rollt man das heiße Karamell zwischen zwei Bögen Backpapier aus. Das Karamell kann man dann für alles Mögliche verwenden, zu Eis servieren, eine Torte damit dekorieren, oder in Schokolade tauchen. Man kann die Mandeln auch durch z. B. fein gehackte Pistazien, Erdnüsse oder Sesamsamen ersetzen.

170 g Zucker
½ EL Butter
knapp ¼ TL Salz
60 g Mandelblättchen

1. Zur Vorbereitung zwei Bögen Backpapier und eine Teigrolle bereitlegen.
2. Den Zucker in einen ziemlich weiten Topf mit dickem Boden geben und bei hoher Temperatur schmelzen lassen. Nicht rühren, aber ein bisschen darin herumstochern. Die Hitze reduzieren, wenn der Zucker beginnt, etwas Farbe zu bekommen, und karamellisieren, bis die Masse goldbraun geworden ist. Die Butter und das Salz einrühren.
3. Den Topf vom der Platte ziehen und rasch die Mandeln zufügen. Das Karamell auf einen der Backpapierbögen gießen und mit dem anderen bedecken. Dabei schnell, aber vorsichtig arbeiten, es ist sehr heiß! Das Karamell zu einer dünnen Platte ausrollen. Abkühlen lassen und dann das Backpapier entfernen. Trocken und kühl verwahren.

MACARON-TIPPS!

MANDELMEHL

Für Macarons braucht man Mandelmehl, was genau das gleiche ist wie sehr fein gemahlene Mandeln. In letzter Zeit taucht Mandelmehl in immer mehr Supermärkten auf, und man bekommt es auch in Reformhäusern und Online-Shops.

Um glatte und schöne Macarons zu bekommen, ist es wichtig, dass Sie die gemahlenen Mandeln sorgfältig durch ein feinmaschiges Sieb sieben. Beim Sieben geht ein Teil des Mehls verloren. Nehmen Sie also etwas mehr als Sie letztendlich brauchen, wiegen Sie es hinterher auf einer Digitalwaage genau ab und achten Sie darauf, dass Sie die angegebene Menge gesiebte Mandeln haben.

Ich selbst finde es am einfachsten, gekauftes Mandelmehl zu verwenden, aber wenn Sie es nicht bekommen, können Sie es selbst herstellen.

SO MACHEN SIE IHR EIGENES MANDELMEHL

1. Die Mandeln abwiegen. Nehmen Sie am besten 40–50 g mehr als Sie am Ende brauchen werden, weil es immer Schwund gibt. Die Mandeln mit kochend heißem Wasser übergießen und ein paar Minuten stehen lassen. Das Wasser abgießen und die Mandeln schälen, indem man sie zusammendrückt, bis sich die Schale löst. Die Mandeln auf Küchenpapier legen und ca. 1 Stunde trocknen lassen.
2. Die Mandeln in einer Mandelmühle mahlen und am besten noch etwas trocknen lassen.
3. Die Mandeln durch ein Sieb sieben und anschließend die benötigte Menge abwiegen.

EIWEISS

Viele Leute empfehlen, dass man die Eier bereits einen Tag vor dem Backen der Macarons trennen und über Nacht im Kühlschrank stehen lassen soll. Ich finde das unnötig. Ich verwende das Eiweiß immer sofort, und es funktioniert gut.

Wenn man Eiweiß steif schlägt, ist es wichtig, eine trockene, saubere Schüssel zu benutzen. Am besten verwendet man eine Schüssel aus rostfreiem Stahl, weil man sie besser ganz sauber bekommt als eine Plastikschüssel.

Das Eiweiß mit einem elektrischen Rührgerät fluffig und steif schlagen. Sie brauchen nicht so vorsichtig zu sein, wenn Sie anschließend das Mandelmehl einrühren. Wenn der Teig zu fluffig und dick ist, können die Macarons Risse bekommen.

FARBE

Damit die Macarons eine schöne Farbe bekommen, ist es am einfachsten, Pulverfarben zu verwenden. Es gibt sie u.a. in Online-Shops zu kaufen. Sie sind oft ziemlich kräftig, sodass man nur eine Messerspitze braucht. Ich habe lange ganz normale flüssige Lebensmittelfarbe aus dem Supermarkt verwendet. Das funktioniert auch recht gut, aber wenn man kräftige Farben haben will, braucht man manchmal etwas mehr Flüssigkeit, wodurch der Teig zu dünn wird und die Kekse nicht so schön aufgehen, wie man es sich wünscht. Es gibt auch Geleefarben und Farbpasten, aber manche davon eignen sich vor allem für Marzipan und Fondant – sie verlieren im Ofen oft die Farbe, was blasse, hässliche Macarons zum Ergebnis hat.

SPRITZEN

Schneiden Sie ein Backpapier so zu, dass es perfekt zu Ihrem Blech passt. Wenn sich das Papier am Rand wölbt, werden die Kekse an der Wölbung eine ungleichmäßige Form haben. Den Teig in einen Spritzbeutel füllen. Ich verwende Einmal-Spritzbeutel, die man in den meisten Supermärkten kaufen kann, und ich verwende keine Tülle, sondern schneide nur eine ca. 1 cm große Öffnung in den Beutel. Anschließend die Macarons spritzen, etwas größer als ein 2-Euro-Stück und möglichst rund. Machen Sie sie 3–4 mm dick. Das Spritzen ist anfangs nicht so einfach, aber mit ein bisschen Übung wird es immer besser gehen!

BACKEN

Es ist wichtig, die Kekse vor dem Backen mindestens 40 Minuten auf dem Blech ruhen zu lassen, sonst werden sie hässlich und reißen ein. Sie können sie eine gute Stunde ruhen lassen, aber wenn Sie sie noch länger stehen lassen, gehen sie nicht richtig auf.

Ich backe die Macarons auf der untersten Schiene bei 125 °C, damit sie auf der Unterseite gut durchgebacken sind, aber oben möglichst wenig Farbe bekommen. In meinem Ofen dauert das ca. 20 Minuten, aber das variiert von Ofen zu Ofen. Testen Sie, ob sie fertig sind, indem sie einen Keks vom Blech zu heben versuchen. Wenn er sich nicht vom Papier löst, müssen die Kekse noch etwas gebacken werden.

Will man, dass es ein bisschen schneller geht, kann man die Heißluftfunktion des Ofens verwenden, aber ich bin trotzdem vorsichtig und backe nicht mehrere Bleche gleichzeitig.

Die Kekse ganz abkühlen lassen, wenn sie aus dem Ofen gekommen sind – seien Sie nicht zu eifrig. Anschließend vom Papier lösen. Wenn sie sich schwer ablösen lassen, kann man das ganze Papier für eine Weile in den Gefrierschrank legen.

VERWAHRUNG

Damit die Macarons weich und saftig werden, ist es am besten, sie im Kühlschrank zu verwahren. Viele finden, dass sie am Tag nach dem Backen am leckersten sind. Man kann sie auch einige Tage bei Zimmertemperatur verwahren, aber dann werden sie oft etwas zu trocken und krümelig. Sie können das Gebäck in einem dicht schließenden Behälter sogar für 2–3 Wochen einfrieren.

MACARONS AU CHOCOLAT

SCHOKOLADEN-MACARONS

Ein Franzose würde seine Macarons sicherlich niemals mit Streuseln dekorieren, aber es ist so hübsch, dass ich es einfach nicht lassen kann! Wer nicht will, braucht es natürlich nicht zu tun, oder kann etwas geschmackvoller dekorieren, z.B. mit geschmolzener Schokolade. Ich habe die Macarons mit Schokoladentrüffel gefüllt, den ich mit Orangenlikör verfeinert habe, aber Sie können natürlich auch einen anderen Schnaps oder Likör oder frisch gepressten Orangensaft verwenden. Lesen Sie meine Tipps für gelungene Macarons auf Seite 66, bevor Sie loslegen.

Ca. 25 Stück

Kekse

170 g Puderzucker
90 g gesiebtes Mandelmehl
2 EL Kakao
90 g Eiweiß (ca. 3 Stück)
2 EL Zucker
evtl. Streusel zum Dekorieren

Schokoladentrüffel mit Orangenlikör

125 g dunkle Schokolade
100 ml Schlagsahne
1 TL Honig
1 Klecks zimmerwarme Butter
1 ½ EL Orangenlikör

1. **Kekse:** Den Puderzucker abwiegen. Mit dem Mandelmehl und dem Kakao vermischen und durch ein feinmaschiges Sieb sieben.
2. Das Eiweiß in einer sauberen, trockenen Schüssel (am besten aus rostfreiem Stahl) fluffig schlagen. Den Zucker hinzufügen und weiterschlagen, bis das Eiweiß zu einem festen Schaum geworden ist.
3. Die Mandel-Puderzucker-Mischung unter das Eiweiß heben. Mischen, bis ein gleichmäßiger Teig entstanden ist.
4. Auf zwei Bleche mit Backpapier Kreise spritzen, die etwas größer als ein 2-Euro-Stück sind. Evtl. die Hälfte mit Streuseln bestreuen. Die Kekse mindestens 40 Minuten auf dem Blech ruhen lassen. Dann trocknet die Oberfläche, und die Kekse werden schöner.
5. Den Ofen auf 125 °C vorheizen. Die Bleche nacheinander auf der untersten Schiene ca. 20 Minuten backen, bis sich die Kekse vom Backpapier lösen, wenn Sie versuchen, sie anzuheben. Die Kekse abkühlen lassen.
6. **Schokoladentrüffel:** Die Schokolade ziemlich fein hacken.
7. Die Sahne zusammen mit dem Honig aufkochen, den Topf von der Platte ziehen und rasch die Schokolade zufügen. Rühren, bis die Schokolade geschmolzen ist, dann die Butter zufügen. Zu einer gleichmäßigen, glatten Masse verrühren und den Likör zufügen. Den Trüffel abkühlen lassen, am besten 2–3 Stunden bei Zimmertemperatur, aber wenn Sie es eilig haben, können Sie ihn auch ca. 15 Minuten in den Kühlschrank stellen.
8. Schokoladentrüffel auf den Boden der Hälfte der Kekse spritzen. Die restlichen Kekse darauflegen. Die Macarons können im Kühlschrank bis zu 1 Woche verwahrt werden.

MACARONS AU MER-NERPRUN

SANDDORN-MACARONS

Sanddorn ist eine fantastisch leckere säuerliche Beere, die sich perfekt für Gebäck und Desserts eignet. Er ist wohl in der französischen Küche recht ungewöhnlich, also ist dies mein nordischer Flirt mit den Macarons. Lesen Sie meine Tipps für gelungene Macarons auf Seite 66, bevor Sie loslegen.

Ca. 25 Stück

Kekse

170 g Puderzucker
110 g gesiebtes Mandelmehl
etwas gelbe Pulverfarbe oder flüssige Lebensmittelfarbe
90 g Eiweiß (ca. 3 Stück)
2 EL Zucker

Sanddorncreme

50 g Sanddornbeeren
150 g weiße Schokolade
2 TL Honig
2 EL Schlagsahne

1. **Kekse:** Den Puderzucker abwiegen. Mit dem Mandelmehl und der Pulverfarbe, falls Sie solche verwenden, vermischen und durch ein feinmaschiges Sieb sieben.
2. Das Eiweiß in einer sauberen, trockenen Schüssel (am besten aus rostfreiem Stahl) fluffig schlagen. Den Zucker hinzufügen und weiterschlagen, bis das Eiweiß zu einem festen Schaum geworden ist.
3. Die Mandel-Puderzucker-Mischung zusammen mit der flüssigen Lebensmittelfarbe, falls Sie solche verwenden, unter das Eiweiß heben. Mischen, bis ein gleichmäßiger Teig entstanden ist.
4. Auf zwei Bleche mit Backpapier Kreise spritzen, die etwas größer als ein 2-Euro-Stück sind. Die Kekse mindestens 40 Minuten auf dem Blech ruhen lassen. Dann trocknet die Oberfläche, und die Kekse werden schöner.
5. Den Ofen auf 125 °C vorheizen. Die Bleche nacheinander auf der untersten Schiene ca. 20 Minuten backen. Die Oberseite der Kekse sollte immer noch ziemlich blass sein, aber die Unterseite sollte sich vom Backpapier lösen, wenn Sie versuchen, sie anzuheben. Die Kekse abkühlen lassen.
6. **Sanddorncreme:** Den Sanddorn mit dem Stabmixer mixen, so gut es geht. Durch ein Sieb passieren, um Schalen und Kerne zu entfernen. Den Saft in einen Topf geben.
7. Die Schokolade in kleinere Stücke brechen und zusammen mit dem Honig und der Sahne in einen Topf geben. Bei schwacher Hitze schmelzen lassen. Ab und zu rühren. Den Topf von der Platte ziehen, wenn die Schokolade geschmolzen ist und die Creme glatt und schön aussieht. Den Sanddornsaft unterrühren. In einen Spritzbeutel füllen und im Kühlschrank ein paar Stunden stocken lassen. Die Creme soll eine gute Konsistenz zum Spritzen bekommen. Bei Zeitnot kann man den Spritzbeutel auch in den Gefrierschrank legen.
8. Sanddorncreme auf den Boden der Hälfte der Kekse spritzen. Die restlichen Kekse darauflegen. Die Macarons können im Kühlschrank bis zu 5 Tagen verwahrt werden.

6me ARR.
RUE JACOB.
LADUREE
FRANCE
ONAPARTE
LADURÉE

MACARONS À L'ABRICOT, FRAMBOISE ET AU CITRON VERT

MACARONS MIT APRIKOSE, HIMBEERE UND LIMETTE

Süße Macarons mit einer frischen Füllung aus getrockneten Aprikosen, Himbeeren und Limetten. Verwenden Sie am besten weiche getrocknete Aprikosen, sie sind in den meisten Supermärkten erhältlich. Lesen Sie meine Tipps für gelungene Macarons auf Seite 66, bevor sie loslegen.

Ca. 25 Stück

Kekse

170 g Puderzucker
110 g gesiebtes Mandelmehl
etwas rosa Pulverfarbe oder flüssige Lebensmittelfarbe
90 g Eiweiß (ca. 3 Stück)
2 EL Zucker

Aprikosen-Himbeer-Creme

100 g Himbeeren
100 g weiche getrocknete Aprikosen
1 EL Wasser
fein geriebene Schale von 1 kleinen Bio-Limette
evtl. rote Lebensmittelfarbe

1. **Kekse:** Den Puderzucker abwiegen. Mit dem Mandelmehl und der Pulverfarbe, falls Sie solche verwenden, vermischen und durch ein feinmaschiges Sieb sieben.
2. Das Eiweiß in einer sauberen, trockenen Schüssel (am besten aus rostfreiem Stahl) fluffig schlagen. Den Zucker hinzufügen und weiterschlagen, bis das Eiweiß zu einem festen Schaum geworden ist.
3. Die Mandel-Puderzucker-Mischung zusammen mit der flüssigen Lebensmittelfarbe, falls Sie solche verwenden, unter das Eiweiß heben. Mischen, bis ein gleichmäßiger Teig entstanden ist.
4. Auf zwei Bleche mit Backpapier Kreise spritzen, die etwas größer als ein 2-Euro-Stück sind. Die Kekse mindestens 40 Minuten auf dem Blech ruhen lassen. Dann trocknet die Oberfläche, und die Kekse werden schöner.
5. Den Ofen auf 125 °C vorheizen. Die Bleche nacheinander auf der untersten Schiene ca. 20 Minuten backen. Die Oberseite der Kekse sollte immer noch ziemlich blass sein, aber die Unterseite sollte sich vom Backpapier lösen, wenn Sie versuchen, sie anzuheben. Die Kekse abkühlen lassen.
6. **Aprikosen-Himbeer-Creme:** Die Himbeeren, die Aprikosen und das Wasser in einen kleinen Topf geben. Bei schwacher Hitze und geschlossenem Deckel aufkochen. Offen köcheln lassen, bis alle Flüssigkeit verkocht ist. Etwas abkühlen lassen.
7. Die Aprikosen und die Himbeeren mit einem Stabmixer oder in einer Küchenmaschine zusammen mit der fein geriebenen Limettenschale und evtl. etwas Lebensmittelfarbe zu einer ziemlich dicken glatten Creme mixen. In einen Spritzbeutel füllen und ganz abkühlen lassen.
8. Die Creme auf den Boden der Hälfte der Kekse spritzen. Die restlichen Kekse darauflegen. Die Macarons können im Kühlschrank bis zu 5 Tage verwahrt werden.

MERINGUES FRANÇAISES

FRANZÖSISCHE BAISERS

Wie viele von uns haben nicht schon über Eiweiß, das nicht fluffig werden wollte, und Baisers, die im Ofen verbrannt sind, geflucht, aber perfekte Baisers sind nicht so schwer, wie man vielleicht glaubt. Das Wichtigste ist, das Eiweiß nicht in einer Plastikschüssel zu schlagen, denn dann wird es oft nicht steif, weil manchmal Fettreste in der Innenseite der Schüssel festsitzen und die Struktur des Eischnees zerstören. Verwenden Sie eine Schüssel aus rostfreiem Stahl, die man leichter ganz sauber spülen kann, oder eine Glasschüssel. Auch der Quirl sollte sauber und trocken sein, und es sollten sich keine Eigelbreste im Eiweiß befinden. Am besten ein Rührgerät benutzen.

Wenn Sie die Baisers backen, ist es am besten, nach Möglichkeit Heißluft zu verwenden und die Temperatur bei nur 100 °C zu halten. Nach 50 Minuten schalten Sie den Ofen aus, lassen aber die Baisers noch ca. 1 Stunde nachbacken. Dies ist nötig, damit die Baisers ihre hübsche weiße Farbe behalten. Sie können dieses Rezept auch verwenden, um beispielsweise Baiserböden zu machen. Der Name französische Baisers bezieht sich darauf, dass man Eiweiß und Zucker auf „normale" Art schlägt. Es gibt auch italienisches Baiser, bei dem man heißes Zuckerwasser über das Eiweiß gießt und es danach kalt schlägt, und Schweizer Baiser, bei dem man sowohl das Eiweiß als auch den Zucker auf 50 °C erhitzt und dann kalt schlägt.

CA. 40 KLEINE BAISERS

3 Eiweiß
85 g Zucker
60 g Puderzucker

1. Das Eiweiß in einer rostfreien Schüssel mit der Hälfte des Zuckers mit einem Rührgerät schlagen. Den restlichen Zucker zufügen, wenn das Eiweiß fluffig zu werden beginnt, und bei hoher Geschwindigkeit zu einem festen Schaum schlagen. Den Puderzucker sieben und vorsichtig unter den Eischnee heben.
2. Mit einer Sterntülle Baisers auf zwei Bleche mit Backpapier spritzen.
3. Die Baisers bei 100 °C Heißluft ca. 50 Minuten backen. Den Ofen ausschalten und die Baisers ca. 1 Stunde bei Restwärme trocknen lassen. Die Klappe sollte dabei geschlossen bleiben. Wenn es eilt, kann man die Baisers auch ein wenig länger backen und dann sofort herausnehmen.

3 SCHRITTE ZU GELUNGENEN BAISERS:

- Das Eiweiß in einer rostfreien Stahlschüssel schlagen.
- Saubere, trockene Küchengeräte verwenden.
- Die Baisers mit Heißluft bei niedriger Temperatur (100 °C) backen.

FLORENTINES

FLORENTINER

Knusprige kleine Kekse mit Orangeat und dunkler Schokolade. Himmlisch lecker! Backen Sie die Kekse, bis sie schön goldbraun sind, aber passen Sie gut auf, dass sie nicht verbrennen!

Ca. 20 Stück

75 g Orangeat
40 g Zucker
40 g (2 EL) flüssiger Honig
75 ml Schlagsahne
25 g Butter
100 g Mandelblättchen
ca. 150 g dunkle Schokolade

1. Den Ofen auf 175 °C vorheizen. Das Orangeat fein hacken, wenn es nicht schon so gekauft wurde.
2. Den Zucker, den Honig, die Sahne und die Butter in einem Topf vermengen. Aufkochen und dann bei mittlerer Hitze ca. 10 Minuten kochen lassen, bis die Masse etwas eingedickt und leicht goldbraun ist. In regelmäßigen Abständen rühren.
3. Den Topf von der Platte ziehen, die Mandeln und das Orangeat zufügen und vermischen.
4. Kleine Kleckse der Masse in großen Abständen auf Bleche mit Backpapier geben. Die Kekse zerfließen stark, Sie brauchen also vermutlich drei Bleche. Die Kekse zu flachen Kreisen drücken. Tun Sie das mit der Hand, die Sie am besten mit Wasser befeuchten, dann kleben die Kekse nicht fest.
5. Auf mittlerer Schiene ca. 7–10 Minuten backen. Dabei gut aufpassen, sie sollen schön goldbraun, aber nicht verbrannt werden. Abkühlen lassen. Wenn Sie die Kekse gleichmäßig rund wollen, können Sie sie mit einer Plätzchenform ausstechen, wenn sie etwas abgekühlt sind.
6. Die Schokolade vorsichtig in der Mikrowelle oder im Wasserbad schmelzen. Die Unterseite der Kekse damit bestreichen und im Kühlschrank fest werden lassen. Bis zum Servieren kalt verwahren.

TUILES AUX AMANDES

MANDELHIPPEN

Um die Kekse in die gebogene Form zu bringen, werden Sie direkt nach dem Backen z.B. über eine Teigrolle oder eine Weinflasche gelegt. Sehen Sie sich um und schauen Sie, was Sie im Haus haben, ich habe die Griffe der Küchenschubladen verwendet. Man muss ziemlich schnell arbeiten, nachdem die Kekse aus dem Ofen gekommen sind, es ist also gut, eine helfende Hand in der Küche zu haben. Manchmal ist es etwas schwierig, die Kekse vom Backpapier zu lösen. Ich verwende dafür ein so genanntes Palettenmesser, das einem schmalen Pfannenwender ähnelt, aber ein normaler Pfannenwender funktioniert auch.

Ca. 20 Stück

2 Eier
125 g Zucker
2 ½ EL Weizenmehl
150 g Mandelblättchen

1. Den Ofen auf 200 °C vorheizen. Die Eier, den Zucker und das Weizenmehl verrühren. Ein paar Minuten quellen lassen. Die Mandelblättchen einrühren.
2. Den Teig auf Bleche mit Backpapier klecksen und zu Kreisen flachdrücken. Dabei viel Abstand lassen, weil sie recht stark zerfließen.
3. Auf mittlerer Schiene ca. 8–10 Minuten backen, bis die Kekse gleichmäßig goldbraun sind.
4. Die Kekse mit einem Pfannenwender vom Backpapier lösen, sobald sie aus dem Ofen kommen, und über einer Teigrolle oder Ähnlichem abkühlen lassen, damit sie gebogen werden. Trocken und kühl verwahren.

BISTRO
Crêpes Suzette

Tarte aux poires
Poires Belle-Hélène

GÂTEAU AU CHOCOLAT

SCHOKOLADENKUCHEN

Nennen Sie mir ein französisches Bistro, das keinen Schokoladenkuchen auf der Speisekarte hat. Trotzdem wird man dieser göttlichen Schöpfung nie überdrüssig! Man kann den Kuchen wunderbar am Vortag vorbereiten und backen.

Ca. 10 Stücke

200 g dunkle Schokolade
150 g zimmerwarme Butter
170 g Zucker
4 Eier
90 g Weizenmehl

Ausserdem

leicht geschlagene Sahne zum Servieren

1. Den Ofen auf 175 °C vorheizen.
2. Eine Springform mit ca. 22 cm Durchmesser einfetten.
3. Die Schokolade vorsichtig in der Mikrowelle oder im Wasserbad schmelzen.
4. Die Butter und den Zucker mit einem Rührgerät weich schlagen.
5. Die Eier trennen. Die Eigelbe in die Buttermasse einrühren.
6. Das Mehl sieben und mit einem Gummilöffel unter die Masse heben. Die Schokolade ebenfalls unterheben.
7. Das Eiweiß in einer sauberen, trockenen Schüssel (am besten aus rostfreiem Stahl) steif schlagen. Den Eischnee unter die Masse heben und alles zu einem gleichmäßigen Teig vermengen.
8. Den Teig in die Form geben und im unteren Teil des Ofens ca. 25 Minuten backen. Er soll nicht ganz durchgebacken sein. Abkühlen lassen.
9. Den Kuchen aus der Form lösen. Am besten mit einem großzügigen Klecks leicht geschlagener Sahne servieren.

TARTE AU CITRON

ZITRONENTARTE

Vielleicht mein Favorit des ganzen Buches!
Für das Foto habe ich die Tarte in einer länglichen Tarteform gebacken, aber man kann sie natürlich genauso in einer normalen runden Form backen.

Ca. 8–10 Stücke

Teig
150 g Weizenmehl
1 ½ EL Zucker
knapp ½ TL Salz
125 g kalte Butter
Füllung
3 Eier
170 g Zucker
30 g Weizenmehl
2 TL Vanillezucker
fein geriebene Schale von 2 Bio-Zitronen
125 ml frisch gepresster Zitronensaft (ca. 2–3 Zitronen)
Außerdem
evtl. Puderzucker zum Bestäuben

1. **Teig:** Das Mehl, den Zucker und das Salz vermengen und die kalte Butter in Stücken zufügen. Mit den Fingerspitzen zu einem Teig verarbeiten oder rasch in einer Küchenmaschine zusammenmixen.
2. Den Teig gleichmäßig in eine längliche Tarteform mit einer Größe von ca. 34 x 11 cm geben. Mindestens 30 Minuten im Kühlschrank ruhen lassen.
3. Währenddessen den Ofen auf 200 °C vorheizen.
4. Den Tarteboden auf mittlerer Schiene ca. 10 Minuten vorbacken, bis der Teig leicht goldbraun ist.
5. **Füllung:** Währenddessen die Eier und den Zucker für die Füllung verrühren. Zuerst das Mehl und den Vanillezucker, dann die Schale und den Saft der Zitronen einrühren.
6. Die Masse in den Tarteboden füllen und weitere ca. 12 Minuten backen, bis die Tarte gestockt, aber immer noch etwas weich ist. Abkühlen lassen. Bis zum Servieren kühl verwahren. Evtl. mit etwas Puderzucker bestäuben.

TARTE TATIN

UMGEDREHTE APFELTARTE

Um eine Tarte Tatin zu backen, brauchen Sie eine ofenfeste Bratpfanne mit ca. 22 cm Durchmesser, am besten aus Gusseisen. Sie darf vor allem keinen Plastikgriff haben. Eine Tarte Tatin wird nämlich im Gegensatz zu einer normalen Tarte genau umgedreht gebacken. Zuerst lassen Sie in der Bratpfanne Apfelspalten in einer Karamellsoße köcheln, dann bedecken Sie die Äpfel mit Teig und stecken die ganze Pfanne in den Ofen, und danach stürzen Sie das Ganze auf einen Teller, sodass die Äpfel oben landen. Unglaublich lecker!

Nehmen Sie am besten eine Apfelsorte mit festem Fruchtfleisch, z.B. Ingrid Marie, Aroma oder Katja.

CA. 6 PORTIONEN

TEIG

150 g Weizenmehl
100 g kalte Butter
2 EL Zucker
2 Eigelb

FÜLLUNG

4 mittelgroße Äpfel
110 g Rohrohrzucker
50 g Butter

AUSSERDEM

Vanilleeis zum Servieren

1. **TEIG:** Das Mehl direkt auf die Arbeitsfläche oder in eine Schüssel geben. Die kalte Butter in kleinen Stücken zufügen und mit den Fingerspitzen im Mehl verteilen. Den Zucker und die Eigelbe dazugeben und alles zu einem geschmeidigen Teig verarbeiten. Man kann auch alle Zutaten in einer Küchenmaschine vermengen. Den Teig etwas flach drücken, in Frischhaltefolie einwickeln und im Kühlschrank ca. 30 Minuten ruhen lassen.
2. Währenddessen den Ofen auf 175 °C vorheizen.
3. **FÜLLUNG:** Die Äpfel schälen, entkernen und in dicke Spalten schneiden.
4. Den Zucker und die Butter in einer ofenfesten Pfanne zusammenschmelzen und ein paar Minuten karamellisieren lassen. Die Apfelspalten zufügen und bei mittlerer Hitze ca. 15 Minuten köcheln lassen. Ab und zu rühren.
5. Den Teig auf einer leicht bemehlten Arbeitsfläche zu einem Kreis ausrollen, der etwas größer als die Pfanne ist.
6. Die Äpfel in der Pfanne optisch ansprechend arrangieren und mit dem Teig bedecken. Den Teig vorsichtig am Rand herunterdrücken. Passen Sie auf Ihre Finger auf und verbrennen Sie sich nicht!
7. Die Pfanne in den unteren Teil des Ofens stellen und ca. 30 Minuten backen, bis der Teig etwas Farbe bekommen hat. Die Tarte ein paar Minuten abkühlen lassen, dann einen umgedrehten Teller darauflegen und so stürzen, dass die Äpfel oben landen. Vorsicht, die Karamellsoße ist sehr heiß. Etwas abkühlen lassen und dann am besten mit Vanilleeis servieren.

TARTE AUX POIRES

BIRNENTARTE

Diese Tarte sieht vielleicht nach nicht so viel aus, ist aber ganz unerwartet himmlisch lecker! Weiche, saftige Birnen werden auf einem zarten Mürbteigboden mit Frangipane, einer cremigen Mandelfüllung, gebacken. Ich backe sie meist in einer ziemlich großen Form mit ca. 28 cm Durchmesser. Dann wird der Teig sehr dünn und lecker. Es ist jedoch nicht so einfach, den Teig darin zu verteilen, wenn Sie also eine kleinere Form haben, geht das natürlich auch.

Ca. 8 Stücke

Teig

150 g Weizenmehl
1 ½ EL Zucker
125 g kalte Butter

Frangipane-Füllung

75 g geschälte Mandeln oder Mandelmehl
75 g zimmerwarme Butter
60 g Zucker
1 EL Vanillezucker
1 Ei
50 ml Schlagsahne
5 reife Birnen

1. **Teig:** Das Mehl und den Zucker vermengen. Die Butter in Stücken zufügen und mit den Fingerspitzen oder in einer Küchenmaschine zu einem Teig verarbeiten. Den Teig in eine Tarteform mit ca. 28 cm Durchmesser drücken und mindestens 30 Minuten in den Kühlschrank stellen.
2. Währenddessen den Ofen auf 200 °C vorheizen.
3. **Füllung:** Die Mandeln in einer Küchenmaschine fein mixen, falls kein Mandelmehl verwendet wird. Die Butter, den Zucker und den Vanillezucker zufügen und alles zu einem Teig mixen. Das Ei und die Schlagsahne dazugeben und kurz weitermixen.
4. Den Tarteboden aus dem Kühlschrank nehmen und mit einer Gabel einstechen. Auf mittlerer Schiene 10–12 Minuten vorbacken, bis der Teig beginnt, etwas Farbe zu bekommen.
5. Die Frangipanefüllung in einer dünnen Schicht auf dem Tarteboden verteilen.
6. Die Birnen schälen, halbieren und entkernen. In dünne Scheiben schneiden, aber nicht ganz durchgängig, sodass sie oben noch zusammenhalten. Die Birnenhälften wie einen Fächer ausbreiten und auf die Füllung legen. Im unteren Teil des Ofens ca. 35 Minuten backen. Lauwarm servieren, am besten mit Vanillesoße.

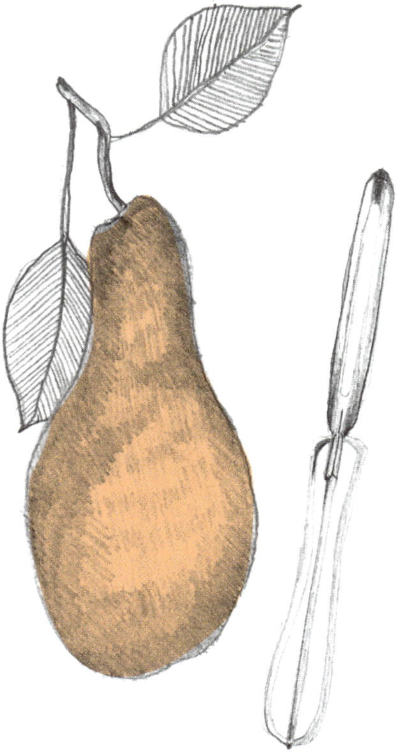

CRÈME CARAMEL

KARAMELLPUDDING

Man vergisst leicht, wie fantastisch ein klassischer Nachtisch wie Crème caramel ist! Der Pudding wird im Wasserbad gebacken, um seine cremige Konsistenz zu bekommen. Das heißt ganz einfach, dass Sie die Form mit der Masse in eine größere Auflaufform stellen, beide Formen in den Ofen schieben und die äußere ca. 2 cm hoch mit warmem Wasser füllen.

Ca. 8 Portionen

Karamell

125 g Zucker
50 ml Wasser

Pudding

800 ml Vollmilch
125 g Zucker
1 Vanillestange
3 Eier
6 Eigelb
evtl. frische Beeren als Dekor

1. **Karamell:** Eine ziemliche weite Auflaufform bereitstellen, die mindestens 1 l fasst.
2. Den Zucker und das Wasser in einem Topf vermengen und bei starker Hitze aufkochen. Nicht rühren, aber etwas stochern, bis der Zucker geschmolzen ist. Den Zucker bei etwas niedrigerer Temperatur kochen lassen, bis er goldbraun ist. Das Karamell in die Auflaufform geben. Die Form hin- und her kippen, sodass eine gleichmäßige Schicht entsteht. Abkühlen lassen. Das Karamell wird jetzt fest, zerläuft aber nach dem Backen wie eine Soße.
3. **Pudding:** Die Milch mit der Hälfte des Zuckers in einen Topf geben. Die Vanillestange längs aufschlitzen und die Samen herauskratzen. Die Samen und die Stange in den Topf geben und die Milch aufkochen. Den Topf von der Platte nehmen und 15 Minuten ziehen lassen. Währenddessen den Ofen auf 125 °C vorheizen.
4. Die Eier, die Eigelbe und den restlichen Zucker in einer Schüssel verrühren.
5. Die Milchmischung in die Eiermasse geben, wenn sie fertig gezogen hat. Alles durch ein Sieb gießen, um die Vanillestange und eventuelle Eierklümpchen zu entfernen.
6. Die Masse auf das Karamell in die vorbereitete Form gießen. Den Pudding im Wasserbad im unteren Teil des Ofens ca. 1–1 ½ Stunden backen, je nachdem, wie weit die Form ist. Der Pudding sollte sich immer noch etwas wabbelig und locker anfühlen, aber nicht flüssig sein. Bei Zimmertemperatur abkühlen und dann im Kühlschrank mindestens 4 Stunden fest werden lassen, am besten über Nacht.
7. Mit einem kleinen Messer am Rand der Form entlang fahren, um den Pudding zu lösen. Einen Servierteller auf die Form legen und den Pudding stützen. Evtl. mit frischen Beeren dekorieren.

CRÈME BRÛLÉE

CRÈME BRÛLÉE

Wenn Sie flache, weite Förmchen verwenden, bekommen Sie viel knusprige Kruste. Dann dauert es etwas kürzer, die Cremes zu backen. Um eine besonders leckere Kruste zu bekommen, können Sie Rohrohrzucker verwenden, wenn Sie sie karamellisieren. Man kann die Cremes bis zu drei Tage vor dem Servieren vorbereiten.

Ca. 4 Portionen

6 Eigelb
85 g Zucker
300 ml Schlagsahne
100 ml Vollmilch
1 Vanillestange
ca. 2 EL Rohrohrzucker oder Zucker für die Kruste

1. Den Ofen auf 125 °C vorheizen.
2. Die Eigelbe und den Zucker in einer Schüssel verrühren.
3. Die Sahne und die Milch in einem Topf verrühren. Die Vanillestange der Länge nach halbieren und die Samen in den Topf schaben. Die Stange ebenfalls zufügen und aufkochen lassen. Den Topf von der Platte ziehen und die heiße Milchmischung in die Eiermasse einrühren.
4. Den Teig durch ein Sieb gießen und dann in kleine ofenfeste Formen verteilen. Die Formen in eine größere Auflaufform oder Fettpfanne und diese in den unteren Teil des Ofens stellen. Die Cremes ca. 50 Minuten backen. Sie sollen immer noch etwas wabbelig sein. Abkühlen lassen und ein paar Stunden in den Kühlschrank stellen.
5. Die Cremes mit einer dünnen, gleichmäßigen Schicht Zucker bestreuen. Den Zucker mit einem kleinen Bunsenbrenner karamellisieren. Sofort servieren. Wenn Sie keinen Brenner haben, können Sie die Cremes unter dem Ofengrill karamellisieren, aber passen Sie gut auf, dass sie nicht verbrennen.

POIRES BELLE-HÉLÈNE

BIRNE HELENE

Ein richtiger Klassiker auf französischen Speisekarten. Wenn Sie das Rezept vereinfachen wollen, können Sie natürlich gekauftes Vanilleeis verwenden. Sie können die Birnen ein paar Tage im Voraus vorbereiten und im Kühlschrank verwahren, aber lassen Sie sie vor dem Servieren auf Zimmertemperatur kommen. Servieren Sie dazu am besten ein paar knusprige Kekse oder Mandelhippen.

4 Portionen

Vanilleeis

250 ml Schlagsahne
250 ml Vollmilch
1 EL Honig
85 g Zucker
½ Vanillestange
5 Eigelb

Pochierte Birnen

4 Birnen
4 EL Zucker
200 ml Wasser

Schokoladensosse

Sud der Birnen
125 g dunkle Schokolade, fein gehackt
25 g zimmerwarme Butter

1. **Vanilleeis:** Die Sahne, die Milch, den Honig und die Hälfte des Zuckers in einen Topf geben. Die Vanillestange halbieren und die Samen in den Topf schaben. Die Stange ebenfalls zufügen und die Mischung erhitzen.
2. Die Eigelbe mit dem restlichen Zucker vermengen und etwas von der heißen Sahnemischung einrühren, damit das Eigelb nicht gerinnt. Die Sahnemischung aufkochen und die Eigelbmasse einrühren. Mit dem Schneebesen schlagen, den Topf von der Platte nehmen und die Masse in einem kalten Wasserbad abkühlen lassen. Die Mischung am besten bis zum nächsten Tag im Kühlschrank „reifen" lassen.
3. Die Masse durch ein feinmaschiges Sieb gießen, um die Vanillestange und eventuelle Eierklümpchen zu entfernen. Das Eis gemäß der Anleitung in einer Eismaschine einfrieren. Falls Sie keine Eismaschine haben, können Sie das Eis in einer Schüssel einfrieren und in regelmäßigen Abständen umrühren.
4. **Pochierte Birnen:** Die Birnen mit einem Sparschäler schälen, aber den Stiel daran lassen. Die Böden begradigen, sodass die Birnen im Topf stehen können.
5. Den Zucker und das Wasser in einem Topf mit ziemlich hohem Rand vermischen. Die Birnen hineinstellen. Sie werden nicht vom Zuckerwasser bedeckt sein, aber trotzdem gedämpft werden. Aufkochen und dann bei geschlossenem Deckel 20 Minuten leicht köcheln lassen. Die Birnen vorsichtig herausnehmen und abkühlen lassen. Bei Zimmertemperatur verwahren, wenn sie am selben Tag gegessen werden sollen, oder in den Kühlschrank stellen. Den Sud aufbewahren.
6. **Schokoladensosse:** Kurz vor dem Servieren den Sud aufkochen und sieden lassen, bis er ca. zur Hälfte reduziert ist. Den Topf von der Platte ziehen und die Schokolade und die Butter zufügen. Zu einer glatten Soße verrühren.
7. Die Birnen in Schalen, Bechern oder Gläsern mit ein paar Kugeln Vanilleeis und der heißen Schokoladensoße servieren.

CRÊPES SUZETTE

FLAMBIERTE ORANGENPFANNKUCHEN

Crêpes Suzette sind so unglaublich lecker!
Das letzte Mal habe ich den Teller abgeleckt und die Reste aufgegessen,
die mein Sohn auf den Boden geworfen hatte.

Sie können das Rezept halbieren oder nur ein Viertel davon machen, wenn Sie sich an einem Abend, an dem sie allein zu Hause sind, Crêpe Suzette gönnen wollen! Halten Sie beim Flambieren einen Deckel bereit, um die Flamme zu ersticken, wenn sie unerwartet groß wird, und denken Sie daran, sich dabei nicht unter der Dunstabzugshaube aufzuhalten, sonst könnte sich eventuelles Fett darin entzünden. Das Risiko ist zwar minimal, aber wenn Sie finden, dass das Flambieren beschwerlich klingt, können Sie es auch weglassen.

Ca. 4 Portionen

Crêpes
300 ml Milch
150 g Weizenmehl
2 Eier
1 ½ EL Zucker
1 EL Rapsöl oder ähnliches neutrales Speiseöl
knapp ¼ TL Salz
Butter zum Braten

Sosse
85 g Zucker
100 g Butter
100 ml frisch gepresster Orangensaft
fein geriebene Schale von 1 Bio-Orange
evtl. 50 ml Orangenlikör zum Flambieren

Ausserdem
evtl. Vanilleeis zum Servieren

1. **Crêpes:** Die Milch mit einem Schneebesen nach und nach ins Mehl einrühren. Zu einem glatten Teig schlagen und dann die restlichen Zutaten einrühren.
2. Vor jedem Crêpe etwas Butter in einer Pfanne schmelzen. Bei ziemlich starker Hitze dünne Crêpes braten und auf einem Teller stapeln. Zu Dreiecken zusammenfalten.
3. **Sosse:** Den Zucker in eine ziemlich große Pfanne geben, am besten mit hohem Rand. Bei starker Hitze schmelzen lassen. Nicht rühren, aber gerne vorsichtig stochern. Die Butter zufügen, wenn der Zucker geschmolzen ist und etwas Farbe bekommen hat. Zu einer Soße verrühren. Den Orangensaft zufügen. Jetzt wird es blubbern und zischen – Vorsicht vor heißen Spritzern. Etwas rühren und die Soße blubbern lassen, bis sie wieder glatt ist, falls sich beim Zugießen der Flüssigkeit Zuckerklümpchen gebildet haben sollten. Die Orangenschale zufügen.
4. Die Crêpes in die Pfanne legen und mit der Soße begießen. Warm werden lassen und die Pfanne von der Platte ziehen. Mit dem Orangenlikör übergießen und die Soße mit einem Streichholz oder Feuerzeug anzünden, um die Crêpes zu flambieren. Sofort servieren, am besten mit Vanilleeis.

SOUFFLÉ À LA VANILLE

VANILLE-SOUFFLÉ

Das ultimative Edel-Dessert!

Ca. 8 Portionen

3 EL Weizenmehl
150 ml Vollmilch
½ TL Vanillepulver
60 g Zucker
25 g zimmerwarme Butter
4 Eigelb
5 Eiweiß
1 EL Zucker
Butter und Zucker für die Formen
evtl. Puderzucker, Marmelade und Schlagsahne zum Servieren

1. Mindestens 8 Kokotten oder ähnliche Souffléformen gut mit Butter einfetten und anschließend mit Zucker ausstreuen. Den Ofen auf 200 °C vorheizen.
2. Das Mehl, die Milch, das Vanillepulver und den Zucker in einem kleinen Topf verrühren. Aufkochen und dann bei schwacher Hitze ca. 1 Minute sieden lassen. Dabei ständig rühren. Den Topf von der Platte ziehen, wenn die Soße eingedickt ist. Die Butter unterrühren. Die Eigelbe einrühren, wenn die Soße etwas abgekühlt ist.
3. Das Eiweiß mit 1 EL Zucker steif schlagen.
4. Ein Drittel des Eischnees mit der Eigelbmasse vermengen. Rühren, bis alles gut vermischt ist. Dann alles unter den restlichen Eischnee heben und vorsichtig mit einem Gummilöffel verrühren. Die Masse soll so viel Luft behalten wie möglich.
5. Den Teig in die Formen spritzen oder gießen. Ein paar Zentimeter unter dem Rand freilassen. Die Formen im unteren Teil des Ofens auf ein Gitter stellen. Die Hitze auf 175 °C senken, wenn möglich gerne Heißluft verwenden. Ca. 30 Minuten backen. Am besten mit einem Zahnstocher kontrollieren, der in die Seite des Soufflés gesteckt wird: Wenn das Soufflé fertig ist, sollte er trocken bleiben. Evtl. die Ofentemperatur senken, wenn die Soufflés zu dunkel werden.
6. Die Soufflés am besten mit etwas Puderzucker bestäuben, wenn sie aus dem Ofen kommen, und sofort servieren, z.B. mit Marmelade und leicht geschlagener Sahne.

VARIATIONEN

☞ Machen Sie Orangensoufflé, indem Sie die fein geriebene Schale von 1 Bio-Orange in Schritt 2 mit im Topf kochen lassen. 3 EL Orangenlikör (z.B. Cointreau oder Grand Manier) zusammen mit dem Eigelb unterrühren. Ansonsten dem Rezept folgen.

CHOCOLATS À LA CRÈME DE MARRONS

MARONENPRALINEN

Dies ist ehrlich gesagt kein echtes französisches Rezept, aber für mich sind sowohl Pralinen als auch Maronenpüree Dinge, die ich mit Frankreich verbinde, zusammen sollte es also nicht verkehrt sein. Maronenpüree gibt es in gut sortierten Supermärkten und Delikatessenläden. Ich habe die gesüßte Variante, so genannte Crème de Marrons de l'Ardèche verwendet, aber man kann auch das ungesüßte Püree, Purée de Marrons, benutzen.

15–20 STÜCK

TRÜFFEL

125 g dunkle Schokolade
100 ml Schlagsahne
100 g gesüßtes Maronenpüree
1 EL Rum oder Cognac

DEKOR

200 g dunkle Schokolade
25 g Milchschokolade

1. Eine viereckige Form von ca. 20 x 12 cm mit Frischhaltefolie auskleiden.
2. **TRÜFFEL:** Die Schokolade in kleinere Stücke brechen. Die Sahne in einen Topf geben, die Schokolade und das Maronenpüree zufügen und bei schwacher Hitze vorsichtig erhitzen, bis alles zu einer gleichmäßigen, glatten Masse geschmolzen ist. Den Rum einrühren.
3. Die Masse in die Form geben und abkühlen lassen. Den abgekühlten Trüffel in den Kühlschrank stellen und mindestens 4 Stunden fest werden lassen.
4. Den Schokoladentrüffel in Stücke schneiden. Am leichtesten geht es, wenn man das Messer vor jedem Schnitt mit heißem Wasser abspült, dann klebt es nicht so. Im Kühlschrank erneut 10 Minuten fest werden lassen.
5. **DEKOR:** Die dunkle Schokolade vorsichtig in der Mikrowelle oder im Wasserbad schmelzen. Die Pralinen in die Schokolade tauchen und auf ein Brett mit Backpapier legen. Etwas geschmolzene Milchschokolade auf jede Praline träufeln oder spritzen. Im Kühlschrank fest werden lassen. Bis zu 4 Wochen in einem dicht schließenden Behälter im Kühlschrank verwahren.

ROCHERS

HASELNUSSPRALINEN

Ich bekomme oft Dinge zu hören wie: „Du als Konditorin kannst bestimmt keine Süßigkeiten mehr sehen.“ Nichts könnte falscher sein, ich bin verrückt nach allem, was mit Süßigkeiten zu tun hat! Mit das Beste, was ich kenne, sind diese Haselnusspralinen. Wenn Sie wollen, können Sie versuchen, die Haselnüsse durch gesalzene Erdnüsse zu ersetzen, um etwas Variation zu bekommen.

Ca. 25 Stück

Trüffel
250 g Milchschokolade
100 ml Schlagsahne
1 TL Honig
25 g zimmerwarme Butter
125 g leicht geröstete Haselnüsse
ca. 25 g leicht geröstete ganze Haselnüsse für die Füllung

Dekor
225 g Milchschokolade

1. **Trüffel:** Die Schokolade in kleinere Stücke brechen.
2. Die Schlagsahne, den Honig und die Butter in einen Topf geben. Die Schokolade zufügen und bei niedrigster Temperatur schmelzen lassen. Ab und zu rühren. Den Topf von der Platte ziehen, wenn die Masse gleichmäßig und glatt ist.
3. Den Trüffel etwas abkühlen und dann im Gefrierfach mindestens 2 Stunden fest werden lassen.
4. 125 g Haselnüsse grob hacken, aber keine allzu großen Stücke lassen.
5. Die Masse zu Kugeln rollen und eine ganze Haselnuss in die Mitte jeder Kugel drücken. Am besten nach jeder Kugel die Hände mit Küchenpapier abwischen, dann geht es leichter. Die Trüffelkugeln in den gehackten Haselnüssen wälzen und ca. 20 Minuten in den Gefrierschrank stellen, bis sie hart genug zum Eintauchen sind.
6. **Dekor:** Die Schokolade schmelzen und die Kugeln hineintauchen. Auf ein Brett mit Backpapier legen und im Kühlschrank fest werden lassen. Die Trüffel sind mindestens 3 Wochen haltbar, wenn sie in einem dicht schließenden Behälter im Kühlschrank verwahrt werden.

GERÖSTETE HASELNÜSSE

☞ Geschälte, leicht geröstete Haselnüsse gibt es in gut sortierten Supermärkten zu kaufen, aber wenn Sie keine finden, können Sie sie in einer Form auf mittlerer Schiene bei 225 °C selbst im Ofen rösten. Das dauert ca. 10 Minuten, aber Sie sollten ein Auge auf sie haben und sie ab und zu umrühren. Nehmen Sie sie heraus, wenn Sie etwas Farbe bekommen haben und gut zu duften beginnen. Abkühlen lassen und dann die Schale abreiben.

TRUFFES AU CHOCOLAT ET BEURRE NOISETTE

SCHOKOLADENTRÜFFEL MIT MEERSALZ UND GEBRÄUNTER BUTTER

Gebräunte Butter und Meersalz geben diesen zart schmelzenden Trüffeln einen köstlichen Geschmack.

Ca. 25 Stück

225 g dunkle Schokolade
50 g Butter
50 ml Schlagsahne
100 ml Vollmilch
2 TL Honig
½ TL Meersalz, am besten Fleur de Sel
ca. 20 g Kakao, um die Pralinen darin zu wälzen

1. Die Schokolade ziemlich fein hacken.
2. Die Butter in einem kleinen Topf zerlassen und weiter erhitzen, bis sie etwas Farbe bekommt und gut duftet.
3. Die Hitze reduzieren und die Sahne, die Milch, den Honig und die gehackte Schokolade zufügen. Bei schwacher Hitze zu einem gleichmäßigen, glatten Trüffelteig schmelzen lassen. Den Topf von der Platte ziehen und das Salz zufügen. Die Masse in eine weite Schüssel füllen. Etwas abkühlen und dann im Kühlschrank fest werden lassen. Das dauert ca. 1–2 Stunden. Sollte die Masse zu hart werden, muss man sie einfach eine Weile draußen stehen lassen, dann kann man sie leichter verarbeiten.
4. Den Trüffelteig aus dem Kühlschrank nehmen und zu kleinen Trüffeln formen. Die Trüffel auf ein Brett mit Backpapier legen und eine Weile zum Festwerden kalt stellen.
5. Die Trüffel in Kakao wälzen und anschließend im Kühlschrank verwahren. Am besten eine Weile vor dem Servieren herausholen.

Petits pots de crème

Campagne

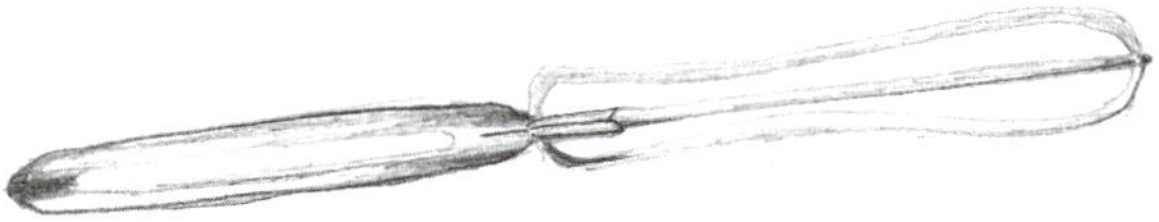

Le bon lait
Chocolat chaud
Mousse aux chocolat

Pain perdu façon anglaise

BRIOCHE-AUFLAUF

Viele Rezepte in diesem Buch sind ziemlich kompliziert und erfordern, dass man ihnen sklavisch folgt, aber hier dürfen Sie einmal etwas improvisieren und aus der Hüfte schießen! Dieser Auflauf wird aus übrig gebliebener Brioche gemacht, die zusammen mit Eiermasse oder Vanillesoße im Ofen gebacken wird. Meine Variante mache ich mit Orangenlikör und Schokolade, aber sehen Sie mein Rezept als Grundlage an, von der sie ausgehen, und fügen Sie dann das hinzu, was Sie mögen und gerade zu Hause haben. Sie können z. B. geriebene Orangenschale, Birne, Kardamom, Schokolade, Schnaps oder worauf Sie am meisten Lust haben verwenden.

4–6 Portionen

ca. 2 EL zimmerwarme Butter
5 Scheiben Brioche
250 ml Vollmilch
200 ml Sahne
50 ml Orangenlikör
40 g Zucker
2 Eier
50 g dunkle Schokolade
½ TL Zimt
Butter für die Form

1. Den Ofen auf 175 °C vorheizen. Eine kleine Auflaufform einfetten. Die Brioche-Scheiben mit Butter bestreichen und schräg zu Dreiecken halbieren. Die Scheiben in die Form legen.
2. Die Milch, die Sahne, den Orangenlikör, den Zucker und die Eier leicht verquirlen. Die Masse in die Form gießen. Am besten 10 Minuten ziehen lassen, sodass die Brioche die Flüssigkeit aufsaugt.
3. Die Schokolade grob hacken und zwischen den Brioche-Scheiben verteilen. Mit Zimt bestäuben.
4. Den Auflauf im unteren Teil des Ofens 30–35 Minuten backen. Etwas abkühlen lassen und lauwarm servieren, am besten mit Vanilleeis.

Mousse au chocolat

MOUSSE AU CHOCOLAT

Dieses Rezept stammt ursprünglich von David Lebovitz (oder genauer gesagt von seiner französischen Schwiegermutter), einem inspirierenden amerikanischen Konditor, der in Paris wohnt. Sie brauchen keine allzu dunkle Schokolade, nur ungefähr 50–60 Prozent. Oder Sie nehmen zu gleichen Teilen 70-prozentige Schokolade und Milchschokolade.

Ca. 8 Portionen

4 Eier
250 g dunkle Schokolade
3 EL Wasser
125 g Butter
3 EL Zucker
Kakao zum Bestäuben

1. Eine Schüssel mit Frischhaltefolie auskleiden.
2. Die Eier trennen. Das Eiweiß in einer sauberen, trockenen Schüssel (am besten aus rostfreiem Stahl) steif schlagen.
3. Die Schokolade, das Wasser und die Butter bei schwacher Hitze in einem Topf schmelzen. Zu einer gleichmäßigen Masse verrühren und von der Platte nehmen.
4. Den Zucker und das Eigelb in die Schokoladenmasse einrühren. Den Topf in ein kaltes Wasserbad stellen und die Schokoladenmasse ca. 1 Minute mit einem Schneebesen schlagen, bis sie etwas eindickt und glatt und glänzend aussieht. Nicht zu lange schlagen.
5. Das Eiweiß vorsichtig unter die Schokoladenmasse heben. In die Form geben und mit Frischhaltefolie bedecken. Mindestens 4 Stunden in den Kühlschrank stellen, am besten über Nacht. Die Mousse auf einen schönen Teller stürzen und mit Kakao bestäuben. Die Mousse au chocolat ist im Kühlschrank bis zu einer Woche haltbar.

Tarte aux pommes Marie-Hélène

MARIE-HÉLÈNES APFELKUCHEN

Viele der Gebäcke in diesem Buch würde ein Franzose niemals zu Hause backen. Éclairs, Croissants, Torten und anderes kompliziertes Gebäck kauft man in der Pâtisserie oder Boulangerie des Viertels. Zu Hause backt man stattdessen einfache, gute Kuchen, die man in einer einzigen Schüssel zusammenrühren und dann in den Ofen schieben kann. Dieser Apfelkuchen ist aus Dorie Greenspans Buch „Around my French Table“, einer richtigen Bibel der französischen Küche. Verwenden Sie gerne säuerliche regionale Äpfel, wenn Saison ist. Sie können auch verschiedene Sorten mischen.

8–10 Stücke

4 große Äpfel
125 g Butter
knapp 110 g Weizenmehl
1 TL Backpulver
knapp ¼ TL Salz
2 Eier
125 g Zucker
½ TL Vanillepulver oder 1 TL Vanillezucker
3 EL Rum

1. Den Ofen auf 175 °C vorheizen.
2. Eine runde Springform mit ca. 24 cm Durchmesser einfetten.
3. Die Äpfel schälen, entkernen und in ca. 3 cm große Stücke schneiden.
4. Die Butter zerlassen.
5. Das Mehl, das Backpulver und das Salz vermengen.
6. Die Eier leicht mit dem Zucker und dem Vanillepulver oder -zucker verquirlen. Die Mehlmischung, die zerlassene Butter und den Rum einrühren.
7. Den Teig in die Form geben und die Apfelstücke hineindrücken. Den Kuchen in der Mitte des Ofens ca. 45 Minuten backen. Etwas abkühlen lassen und lauwarm oder ganz abgekühlt mit leicht geschlagener Sahne oder Vanillesoße servieren.

Petits pots de crème

VANILLEPUDDING

Dies sind cremige kleine Puddings, die sich perfekt als Zwischenmahlzeit oder Nachspeise eignen. Die Puddings werden im Ofen in einem warmen Wasserbad gebacken, die Gläser oder Tassen, in die das Dessert gefüllt wird, sollten also ofenfest sein, aber weil sie bei ziemlich niedriger Temperatur gebacken werden, funktioniert es mit den meisten nicht allzu dünnen Behältern.

Ca. 6 Portionen

450 ml Vollmilch
½ Vanillestange
2 Eier
1 Eigelb
65 g Rohrohrzucker

1. Die Milch in einen Topf geben, die Vanillestange längs halbieren und die Samen in die Milch schaben. Die Vanillestange ebenfalls zufügen und alles aufkochen lassen. Den Topf von der Platte ziehen und die Mischung ca. 30 Minuten ziehen lassen.
2. Währenddessen den Ofen auf 150 °C vorheizen und ca. 6 kleine ofenfeste Gläser oder Tassen in eine Auflaufform oder Fettpfanne stellen.
3. Die Eier, das Eigelb und den Zucker verrühren.
4. Die Milch von neuem erhitzen, bis sie dampft, aber nicht kocht. Die Milchmischung nach und nach in die Eiermasse einrühren. Die Masse durch ein ziemlich feinmaschiges Sieb gießen, um die Vanillestange und eventuelle Eierklümpchen zu entfernen.
5. Die Masse in die kleinen Gläser oder Tassen verteilen. Eventuellen Schaum, der sich auf der Oberfläche gebildet hat, abschöpfen.
6. Die Auflaufform ein paar Zentimeter hoch mit warmem Wasser füllen und im unteren Teil des Ofens ca. 40 Minuten backen. Die Puddings sind dann meist immer noch etwas flüssig, stocken aber im Kühlschrank.
7. Die Form vorsichtig aus dem Ofen nehmen und die Gläser aus dem Wasser holen, am besten mit Topflappen, sodass man sich nicht verbrennt. Die Desserts bei Zimmertemperatur ganz abkühlen lassen und dann ein paar Stunden in den Kühlschrank stellen. Kalt servieren.

VARIIEREN SIE!

☞ Wenn Sie den Geschmack variieren wollen, können Sie die Vanillestange durch z.B. eine Zimtstange, Kardamomsamen oder Kaffeebohnen ersetzen.

Clafoutis aux cerises

KIRSCHAUFLAUF

Ein Clafoutis ist ein bisschen wie ein Pfannkuchen aus dem Ofen. Eine populäre und einfache Nachspeise. Ich habe entkernte Kirschen aus dem Glas verwendet, aber es gibt in gut sortierten Supermärkten auch gefrorene Kirschen. Falls Sie einen Kirschbaum haben und gerade Saison ist, sind sie frisch natürlich am allerbesten!

Ca. 6 Portionen

300 g entkernte Kirschen
2 Eier
85 g Zucker
60 g Weizenmehl
knapp ¼ TL Salz
50 g Crème fraîche oder Schlagsahne
250 ml Vollmilch
2 TL Vanillezucker
25 g zerlassene Butter
Butter für die Form

1. Den Ofen auf 175 °C vorheizen. Eine ofenfeste Form einfetten. Die Form, die ich auf dem Bild verwendet habe, ist 14 x 17 cm groß. Dann wird es ein recht hoher Auflauf, aber man kann natürlich auch eine weitere Form verwenden. Die Kirschen in die Form geben.
2. Die Eier und den Zucker leicht schlagen. Das Mehl und das Salz in den Teig sieben. Die Crème fraîche oder Sahne, die Milch, den Vanillezucker und die zerlassene Butter ebenfalls einrühren. Der Teig wird recht flüssig, aber das ist genau richtig.
3. Den Teig über die Kirschen in die Form gießen und auf mittlerer Schiene ca. 40–50 Minuten backen. Etwas abkühlen lassen und lauwarm servieren, am besten mit Eis oder leicht geschlagener Sahne.

VARIIEREN SIE!

☞ Anstelle von Kirschen können Sie Clafoutis auch beispielsweise mit Pflaumen, Pfirsichen, Äpfeln, Feigen oder Himbeeren machen.

SASSELLO

Spéculoos

SPEKULATIUS

Spéculoos sind zarte kleine Kekse belgischen Ursprungs, die den schwedischen Pfefferkuchen ähneln. In Frankreich ist es populär, zerstoßene Spéculoos in verschiedenen Desserts und Gebäcken zu verwenden, z. B. in Eis, Tiramisu, Cheesecake und Streuselkuchen. Als ich zuletzt in Frankreich war, habe ich ein wunderbar einfaches Dessert gegessen, in dem zerstoßene Spéculoos mit Apfelkompott und Mascarpone aufgeschichtet waren. Verwenden Sie am besten dunklen, intensiv schmeckenden Zucker für die Kekse, z. B. Farinzucker, Muscovado oder Rohrohrzucker.

Ca. 40 Stück

75 g zimmerwarme Butter
135 g brauner Farinzucker, Muscovadozucker oder Rohrohrzucker
1 Ei
1 ½ TL Mischung aus Zimt und gemahlenen Nelken
210 g Weizenmehl

1. Die Butter und den Zucker weich rühren und das Ei zufügen. Die Gewürze und das Mehl ebenfalls dazugeben und zu einem festen Teig verarbeiten. Den Teig in Frischhaltefolie wickeln und im Kühlschrank mindestens 30 Minuten ruhen lassen. Den Ofen auf 200 °C vorheizen.
2. Den Teig auf einer bemehlten Arbeitsfläche 2–3 mm dick ausrollen. Rechteckige Kekse ausschneiden, am besten mit einem Teigrad, um gezackte Ränder zu bekommen.
3. Die Kekse auf Bleche mit Backpapier legen und in der Mitte des Ofens ca. 8 Minuten backen, bis die Kekse etwas Farbe bekommen haben. Abkühlen lassen.

Sablés bretons

MÜRBTEIGKEKSE AUS DER BRETAGNE

Zarte Mürbteigkekse mit leicht salzigem Geschmack. Verdoppeln Sie die Menge am besten, wenn Sie wollen, dass sie eine Weile reichen. In einer Dose bei Zimmertemperatur bis zu einer Woche verwahren oder einfrieren.

10–12 Stück

2 Eigelb
85 g Zucker
180 g Weizenmehl
1 ½ TL Backpulver
1 TL Vanillezucker
100 g zimmerwarme Butter
1 TL Fleur de Sel oder ähnliches feines Meersalz

1. Die Eigelbe und den Zucker ein paar Minuten mit einem Rührgerät schaumig schlagen.
2. Das Mehl und das Backpulver vermischen und in den Teig sieben. Den Vanillezucker zufügen.
3. Mit einem Kochlöffel zu einem krümeligen Teig verrühren. Die Butter und das Salz in den Teig einkneten.
4. Zu einer dicken Rolle formen, in Frischhaltefolie einwickeln und im Kühlschrank mindestens 1 Stunde ruhen lassen.
5. Den Ofen auf 150 °C vorheizen. Die Rolle in ca. 1 cm dicke Scheiben schneiden und in gleichmäßigen Abständen auf Bleche mit Backpapier oder in ein gefettetes Muffinblech legen. Auf mittlerer Schiene ca. 30 Minuten backen.

FERMIÈREDELETABLISSEMENTTHERMAL

Chocolat chaud

HEISSE SCHOKOLADE

Ein absolut süchtig machendes Schokoladengetränk! Wählen Sie eine Schokolade, die Sie mögen, ich verwende meist 64-prozentige Schokolade mit ziemlich viel Süße. Wenn Sie eine dunklere und bitterere Schokolade nehmen, müssen Sie evtl. noch etwas Zucker zufügen. Genießen Sie die Schokolade in kleinen Tassen, das Getränk ist sehr mächtig. Das Rezept habe ich von dem Konditor David Lebovitz.

Ca. 4 Tassen

150 g dunkle Schokolade
½ l Vollmilch
knapp ¼ TL Meersalz
evtl. geschlagene Sahne zum Servieren

1. Die Schokolade fein hacken und in einem Topf mit der Milch und dem Salz vermischen.
2. Aufkochen und dann die Hitze reduzieren, bis die Mischung siedet. 3 Minuten sieden lassen, dabei ständig mit einem Schneebesen rühren. Weitere 1–2 Minuten sieden lassen, wenn Sie eine dickere Konsistenz wollen. Ein paar Minuten abkühlen lassen und dann in kleinen Tassen servieren, am besten mit geschlagener Sahne.

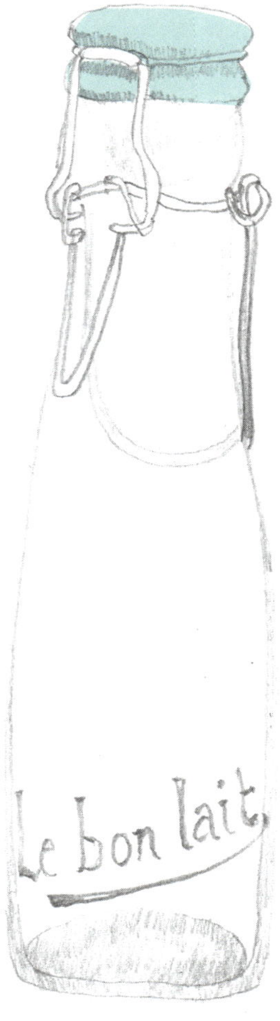

REGISTER

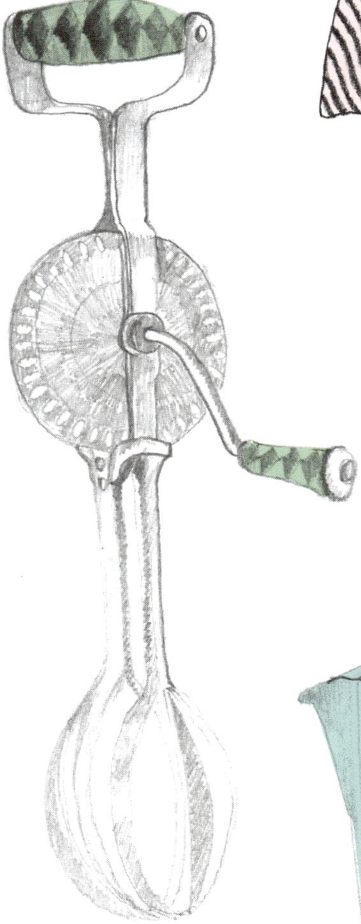

Tausend Dank allen, die mir bei meinem Buch geholfen haben!

Meinem Dreamteam: Der Fotografin Ulrika Ekblom, der Layouterin und Illustratorin Katy Kimbell, der Redakteurin Elisabeth Fock und der Verlegerin Maria Nilsson.

Mia Gahne, Pia Hall, Tove Nilsson und Jessica Freij von Matlabbet fürs Anfeuern und Leihen von Requisiten.

Sindy Voon und dem Personal bei Napolyon für die Benutzung eurer tollen Räume.

Anna Rahman, Naira Abdel-Halim und Fredrik Tiderman für Assistenz und Hilfe beim Probebacken.

Lars Lovén für das Leihen der schönen Canelés-Formen und all die Hilfe, sie perfekt hinzukriegen.

Leif und Lida Sollerhag für die Verwendung von Urlaubsfotos.

Stefan Wettainen und Marias Annas für Botendienste.

Erik und Nisse Angelin für Hilfe durch eifriges Kuchenessen.

Aus dem Schwedischen von Julia Gschwilm

FSC www.fsc.org MIX Papier aus verantwortungsvollen Quellen FSC® C095359

Für die Schwabenverlag AG ist Nachhaltigkeit ein wichtiger Maßstab ihres Handelns.
Wir achten daher auf den Einsatz umweltschonender Ressourcen und Materialien.

Umschlaggestaltung: Finken & Bumiller, Stuttgart
Druck: Himmer AG, Augsburg
ISBN 978-3-7995-0561-1

BOULANGERI

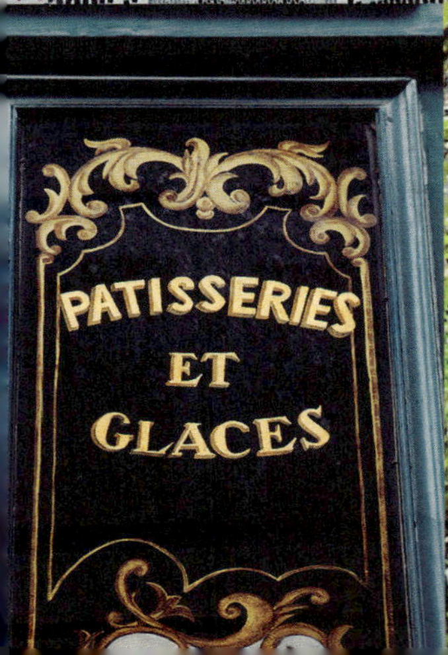
PATISSERIES
ET
GLACES

METROPOLITAIN

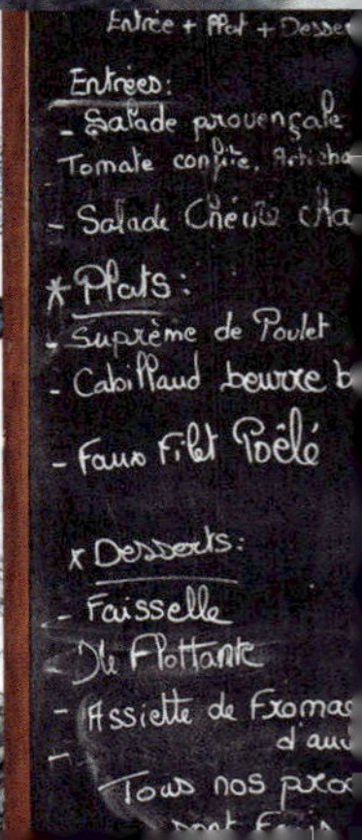
Entrées:
- Salade provençale
Tomate confite,
- Salade
* Plats:
- Suprême de Poulet
- Cabillaud beurre
- Faux Filet Poêlé
* Desserts:
- Faisselle
- Ile Flottante
- Assiette de Fromage
Tous nos